×미래를 자유롭게 선택하는 힘×

돈 없음
꿈 없음
남친 없음

MIRAI WO JIYU NI ERABU CHIKARA
©MIHO SUZUKI 2018

Originally published in Japan in 2018 by WAVE Publishers Co.,Ltd.,
Korean translation rights arranged with WAVE Publishers Co.,Ltd.,
through TOHAN CORPORATION, and EntersKorea Co., Ltd., SEOUL.

×미래를 자유롭게 선택하는 힘×

돈 없음
꿈 없음
남친 없음

스즈키 미호 지음 | 강소정 옮김

이코노믹북스

당신의 인생을 확 바꿔봅시다

● 이제 만원 전철은 타고 싶지 않아

오랜 회사원 시절 동안 제가 가장 고통스럽다고 느꼈던 것은 통근 시간의 만원 전철이었습니다. 매일 아침 플랫폼에 도착하는 전철은 이미 샐러리맨으로 가득 차 있는 상태였지요. 문이 열리면 전철 안에 있는 수많은 사람들의 모습에 진절머리가 났습니다. 하지만 그 전철을 보낸다 해도 '어차피 다음 전철도 만원일 테니까'라는 생각에 각오를 다지고 사람들 사이에 몸을 밀어 넣어 겨우겨우 전철에 올라탑니다.

전철 안은 마치 분노의 에너지가 만연한 듯이 매우 살벌한 분위기입니다. 다들 초조해하며 자신의 몸을 지키느라 여념이 없어 다른 사람을 배려하는 여유 따위는 도무지 찾아볼 수 없지요. 누군가의 가방이 제 몸에 부딪히거나 다른 사람에게 발을 밟히거나 하면 기분이 나빠져서 저도 모르게 마음속으로 혀를 찹니다. 특히 여름의 만원 전철은 최악인데요, 누군가의 땀이 와이셔츠 너머로 제 팔에 척 달라붙거나 하면 '어째서 아침마다 이런 일을 겪어야 하는 걸까⋯⋯' 하는 불쾌감에 얼굴이 찌푸려집니다.

겨우 회사와 가까운 역에 도착해서 사무실이 있는 오피스 빌딩까지 걸어갑니다. 엘리베이터에서는 여성 사원이 승강 버튼을 누르는 게 암묵적인 룰이었는데, '감사합니다'라는 말도 안 하고 내리는 아저씨들을 향해 또 마음속으로 혀를 찹니다.

아침 9시. 오늘도 아슬아슬하게 출근시간에 맞춰서 자리에 착석하지요. 지금부터 저녁 6시까지 이 사무실에서 한 발자국도 밖에 나가지 않고 하루를 보내는 거군…….

내 인생은 대체 무엇일까?

오늘도 얼굴에 불만을 덕지덕지 붙인 채로 또 일이 시작되는구나— 저의 회사원 생활의 후반부 몇 년은 이런 매일의 반복이었습니다.

● 회사를 그만두고 사업의 세계로

처음 뵙겠습니다, 스즈키 미호입니다.

'돈 없고, 꿈 없고, 남친 없는' 제 인생에 실망하고, 10년간의 회사원 생활을 그만둔 것은 제가 31세 때의 일입니다. 자금도 실적도 인맥도

전부 제로인 상태에서 사업의 세계에 뛰어들었습니다.

그 무렵 제가 유일하게 가지고 있던 것은 클라이언트의 고민을 정리하고 그들의 목표 달성을 도와주는 코칭 자격증이었지요. 처음에는 그것을 활용해서 '미래시프트 코칭'이라는 직함으로 클라이언트와 일대일로 상담을 진행하는 여성전문 코칭 세션(90분에 3천 엔)을 시작했습니다.

저와 이야기하면서 클라이언트들은 표정이 확 밝아지기도 했고, 때로는 눈물을 흘리며 마음속 이야기를 털어놔주곤 했지요……. 저는 눈앞의 여성이 순식간에 변화하고 밝아져 가는 모습을 수개월 동안 지켜볼 수 있는 그 일에 몰두하게 되었습니다. 그래서 매일매일 쉬는 날 없이 카페와 스카이프를 사용해서 하루 종일 세션을 계속했습니다.

사업을 시작하고 삼 개월 후에는 '이상적인 미래를 실현하는 목표달성 세미나'를 정기적으로 개최하게 되었고, 제가 지속적으로 서포트하는 클라이언트의 수도 열 명 이상이 되어서 매달 수입이 백만 엔이 넘었습니다.

그 후 저는 제가 실천한 사업의 노하우와 마인드세트—종업원 마인드를 버리고 사업가 마인드를 설치하기—를 체계화해서 강좌로 만든 '미래시프트 사업 학원'을 개강했습니다. 설명회에는 전국 곳곳에서 오십 명 이상의 수강희망자가 모여들었습니다. 면담 후에 합격한 스무 명의 수강생과 함께 사업 학원을 시작했는데 그 달의 매상이 7백만 엔 이상이었지요. 제가 회사를 그만둔 지 딱 1년이 되던 때의 일이었습니다.

저는 사업 학원을 개강하면서 현재 있는 미래시프트 주식회사를 세우고 대표이사 사장이 되었습니다. '30세가 지나고 정사원을 그만두면 다시 그전의 생활로는 돌아갈 수 없을 거야…….'라는 큰 불안을 끌어안은 채 회사원 생활을 그만두고서 1년 후의 일이었습니다. 당시만 해도 설마 제가 회사의 사장이 되리라고는 상상도 못했습니다.

'미래시프트 사업 학원 1기'와 '2기'를 수강한 이들 중 겨우 3개월의 강의 기간 동안에 코칭이나 컨설팅 사업으로 월수입 백만 엔을 넘게 버는 수강생들이 속출했습니다. 마치 청춘 시절로 돌아간 것처럼 수강생들이 모두 함께 서로 응원하고 상담해 주고 서로의 성공에 박수를 보내면서 3개월을 달려왔지요……. 그녀들의 표정, 마인드, 경제 상황 그리고 인생이 빠른 속도로 바뀌어 가는 것을 눈앞에서 보는 것은 정말로 멋진 일이었습니다. **사람은 미래를 바꿀 수 있습니다!**

그 후로 사업 학원은 오프라인 강좌뿐만 아니라 온라인 강좌도 개최하게 되었고, 1회 수강생의 수도 80명, 100명 이렇게 규모가 커졌습니다. 또 도쿄뿐만 아니라 나고야, 오사카, 후쿠오카에서도 강좌를 개최하게 되었지요. 회사는 초년도부터 1억 엔(한화 10억)이 넘는 매상을 올렸습니다.

● 장소를 바꿔서 '나'라는 꽃을 피워보자

회사원 시절의 저는 '쓸모없는 사원'이었습니다. 하지만 저는 용기를 내어 '저'라는 꽃을 피울 만한 장소로 이동하고, 시행착오를 계속 거듭하면서 순식간에 무럭무럭 성장하게 되었습니다.

회사를 그만둔 당시에는 **일하는 법을 바꾸는 것만으로 인생이 이렇게까지 변화하고 눈앞에 보이는 풍경이 완전히 달라지리라고는 상상**

도 못했습니다.

그리하여 '**자기 변혁**'과 '**미래시프트**'—이것이 제 인생의 테마가 되었습니다.

시간은 끝없이 흘러가는 것이 아니라 내 삶의 조각이라고 생각하다 보니 시간을 더 소중히 대하게 되었습니다. 타인에게 맞춰서 억지로 참고, 시간을 잃어버리는 일이 없도록 모든 일정에 '이것은 내 삶의 조각을 사용해서라도 하고 싶은 일인가? 그 사람은 꼭 만나고 싶은 사람인가?'라고 자문하는 습관을 들였습니다. 그 결과, 스케줄 수첩에는 '내가 선택한 중요한 일정'만 남게 되었습니다.

장소에 있어서도 자유롭습니다. 정해진 사무실 책상에서만 하루를 보내는 게 아니라 여행지나 마음에 드는 라운지를 업무 장소로 삼을 수도 있지요. 비가 오는 날에는 외출하지 않고, 내 집의 소파에서 컴퓨터를 사용하기도 합니다. 또 매일 귀가할 때마다 에너지가 충전되는 좋은 아파트에 살 수 있게 되었습니다.

　돈은 한 달 인내한 대가로 월 1회 입금되는 게 아니라 내 손으로 만들어 낼 수 있는 것이라고 생각하게 되었습니다. 다른 사람의 성장에 관여하고 그들에게 감사 인사를 듣거나, 회사에 가치를 제공한 대가로서 돈이 순환하기 시작했습니다.

　'앞으로 무슨 일이 있어도 나와 내 가족이 생활할 돈은 만들 수 있다'라는 작은 자신감도 가지게 되어서 20대부터 계속 저를 따라다니던 막연한 장래에 대한 경제적인 불안에서도 해방되었습니다.

　그리고 무엇보다도 가장 큰 기쁨은 다른 사람들과의 관계가 크게 바뀌었다는 점입니다. 억지웃음을 짓거나 아첨을 하거나 누군가와 비교하고 울적해지는 일이 없어졌고(이전의 저는 늘 동료나 여자 친구들과 저를 비교하면서 우월감과 우울감을 느끼기를 반복했습니다), 저 자신은 물론이고 다른 사람에 대해서도 정직해졌습니다. 입 밖으로 내는 말과 마음속으로 생각하는 것이 일치하게 되니 스스로에 대한 위화감도 없어졌습니다. 일할 때와 개인생활에서도 제가 응원하고 싶은 사람, 좋아하는 사람, 존경하는 사람들과의 인간관계를 잘 유지하게 되어서 스트레스를 받거나 싫은 걸 참거나 하는 일이 없어졌습니다.

저는 지금 정말로 좋아하는 일을 직업으로 삼아서 하루하루를 보내고 있습니다. 작은 일로도 행복을 느낄 수 있게 되었습니다. 많은 수강생들도 그렇게 바뀌었습니다.

사업을 시작하고 단기간에 실적을 올릴 수 있던 것보다도 저와 수강생이 조금씩 강한 사람으로 성장하고 있다는 점, 우리가 **'시간적 자유' '경제적 자유' '선택의 자유' '인간관계의 자유'를 느끼면서 '스스로 자신의 인생의 키를 잡고 있다'라고 실감할 수 있다는 점에서 가장 큰 기쁨을 느끼고 있습니다.**

회사원 시절의 '불안과 불만으로 가득하고, 기분이 오락가락하느라 분주한' 매일과는 정반대인 삶을 살 수 있게 되었습니다.

● 새로운 자신으로 바꾸는 여행을

저는 최근 3년간, 코칭 세션 및 세미나 그리고 사업 학원과 아카데미를 통해 3천 명 이상의 여성들과 알게 되었고, 그 수강생들과 함께 여기까지 달려왔습니다. 급속한 발달로 '지금까지의 상식'이 순식간에 변화하는 요즘 시대를 살아가면서 정말 많은 여성들이 어떻게 일하고 살아갈지 필사적으로 방법을 모색하고 있습니다.

이전 시대처럼 '행복한 인생=안정된 기업에서 계속 근무하고 결혼하고 아이를 낳아 기르고 자기 집을 짓고 정년 후에 부부끼리 해외여행을 다니는 것'이라는 사고방식은 이제 통용되지 않는다는 점은 여러분 모두가 알고 계실 겁니다.

그러면 "내'가 지향하는 행복한 인생"은 어떻게 만들어 가면 좋을까요? 여러분 모두 그 방법을 필사적으로 찾고 있을 거라 생각합니다.

'계속 열심히 일해 왔는데, 뭔가 전혀 보상이 없어.'

'나름대로 성실하게 살아왔는데, 왜 이 정도밖에 안 되는 걸까?'

'뭔가를 하고 싶지만 돈 걱정 때문에 첫걸음을 내디딜 수 없어.'

'애초에 내가 정말로 어떤 인생을 살고 싶은지를 정확히 모르겠어……'

이전의 저처럼 고민하면서도 자신에 대한 희망을 가지고 필사적으로 열심히 살아가는 여성들이 미래를 바꿀 수 있도록 조금이라도 힌트가 되기를 바라는 마음을 담아 이 책을 썼습니다. 이 책에서는 10년간 평범한 회사원이었던 제가 작게나마 매일 수많은 일에 도전하고, 몇 번이고 실패를 반복하면서 도전해온 작은 '자기 변혁'과 커다란 '미래 시프트'에 대해 이야기할 겁니다.

이 책을 통해 지금 당신이 속한 '현재 있는 장소'를 알고, 자신의 내면에서 솟아나오는 빛을 회복하고, 열정의 원천을 발견해서 〈이상적인 미래〉로 나아가는 계기가 된다면 정말 기쁘겠습니다.

지금 당신이 있는 장소에서 무작정 참거나 필사적이 되는 것보다 장소를 이동해 보면 '당신'이라는 인생의 꽃을 좀 더 크게 꽃피울 수 있습니다.

자, 저와 함께 **새로운 자신을 만나는 여행—이상적인 미래로 시프트하는 길**을 향해 걸어봅시다.

목 차

시작하며 당신의 인생을 확 바꿔봅시다!

004 이제 만원 전철은 타고 싶지 않아
005 회사를 그만두고 사업의 세계로
008 장소를 바꿔서 '나'라는 꽃을 피워보자
011 새로운 자신으로 바꾸는 여행을

첫 번째, 불안 앞에는
빛나는 문이 있다!

021 결핍감과 초조함을 항상 끌어안고 있었다
025 바보인 척하면 정말 바보가 된다
029 만화 카페에서 깨달은 나의 현실
032 원점은 '돈 없음, 꿈 없음, 남친 없음'
034 '자신이 바뀌면 세상이 바뀐다'는 말은 정말이다!
039 인생의 전환기가 된 대만 여행

••• 인생의 '전환기'는 내가 만들 수 있다.

두 번째, '현재 있는 장소'에서
미래가 시작된다!

047   자신감이 없을 때일수록 입력 중독이 된다

050   이미지 샘플을 모으자

052   일상에 대한 불만은 '미래에 대한 리퀘스트'

058   정기권을 버리고 통근 루트를 바꿔 보면……

060   '무엇을 위해 일하는지'를 가르쳐 준 사람

•••   작은 행동으로 미래에 대한 리퀘스트를 변환한다.

세 번째, 시간을 바꾸면
당신이 바뀐다!

069   소중한 삶의 조각을 '시간 도둑'에게서 지켜라!

072   티브이를 버리고 인생에 집중하면……

075   불필요한 교제는 '캐릭터 설정'으로 격퇴

078   자신을 '최고의 고객'이라 생각하고 시간을 사용한다

079   미래로부터 거꾸로 계산해서 오늘의 스케줄을 정한다

083   수첩 앞에서의 아침 15분이 인생을 움직인다

089   틈새 시간을 활용하면 하루가 세 시간 길어진다

092   '시간 단락'으로 집중력을 높이자!

•••   오늘의 일 분, 한 시간이 쌓여서 인생이 된다.

네 번째, 작은 성공의 습관을 기르자!

099 스스로 돈을 만든 경험이 있습니까?
101 좋아하는 일이 돈이 된 '여행 모임' 기획
104 '새로 만들어 내는 쪽'에 서면 풍경이 달라진다
108 일단은 내 주위의 물건들을 팔아보자!
111 물건은 어떻게 하면 팔 수 있을까?
115 실패하지 않는 비즈니스의 네 가지 원칙
118 물건뿐만 아니라 공간도 장사가 된다
120 다른 사람보다 반걸음 앞서 가면 그것이 직업이 된다
124 맨 처음의 한 걸음을 내디디면 다음 문이 열린다
127 '알고 있다'와 '해 본 적 있다'는 다르다
130 갑자기 전부 잘 될 거라고는 생각하지 않는다

••• 최초의 한 걸음, 작은 성공에서 미래가 펼쳐진다.

다섯 번째, 인간관계는 돈보다 중요하다!

137 '미래의 나'의 친구를 남보다 먼저 사귄다
139 강사가 내 편이 되어 나를 응원해 주면 좋다
148 상대방의 '뇌내 점유'를 차지하는 사람은 성공한다
150 성공한 사람과 이야기할 때 주목해야 할 점은?
152 커뮤니케이션을 행복하게 바꾸는 세 가지 힘
155 그 사람은 당신에게 정말 필요한 사람?
157 사람을 만날 때는 명확한 목적을 가지고 만나러 간다
159 감정적인 문제를 일으키지 않는 네 가지 스텝
163 사랑과 응원의 마음으로 상대방을 감싼다
165 충전할 수 있는 집을 가진다
167 결혼생활은 '회사 운영'과 마찬가지

••• 좋은 인간관계는 자신의 행복을 기른다.

여섯 번째, 열정적으로 지금 당장 시작하자!

175 매일 열심히 몰두할 수 있는 일에 집중한다
178 처음에는 커다란 비전 따위 없어도 괜찮다
181 시작할 때는 어쨌든 하나를 집중 돌파!
184 상대방은 무엇을 기대하고 있을까?
187 커다란 꿈의, 작은 사이즈 버전을 바로 실행한다

••• 몰두할 수 있는 일을 하나만, 작은 것부터.

일곱 번째, 상상 이상의 미래로 바꾸어 가자!

195 '나는 이런 타입'이라는 것에 너무 집착하지 않는다
197 결점이야말로 예상치 못한 '빛나는 힌트'
199 자기 자신을 최강의 편으로 바꾼다
202 오늘이 당신의 '인생의 전환기'라고 정하자

••• 당신은 미래를 자유롭게 선택할 수 있다.

206 마치며

첫 번째,

불안 앞에는
빛나는 문이 있다!

결핍감과 초조함을
항상 끌어안고 있었다

'내가 있을 곳은 여기가 아니야……'

시즈오카의 시골에서 초·중·고를 보내고 있을 때도, 해외에서 유학했을 때도, 도쿄에서 사회인 생활을 시작했을 때도, 언제나 마음 한구석에는 이런 생각이 있었습니다.

좀 더 나에게 맞는 일과 환경이 있을 거야!라고 생각하며 20대 시절에는 몇 번이고 이직과 이사를 반복했습니다. 그러나 사는 장소나 직장을 바꿔도 역시 어딘가 딱 맞아떨어지지 않았지요. 늘 '결핍감'과 '초조함'이 있었던 것 같아요.

그때 저 자신에 대한 셀프이미지는 '싫증을 잘 내고, 아무것도 계속하지 않는 사람'이었습니다.

어릴 때부터 피아노나 학원 수업 같은 것도 착실하게 계속한 적이 없습니다. 어른이 된 후에 취미를 찾으려고 카메라나 기타를 시작해도, 역시 금방 싫증나 버리더군요. 열심히 몰두하는 취미가 있어서 거기에 푹 빠져 있는 사람들이 정말 부러웠고, '나는 몰두하는 것도 없고 길게 계속하는 것도 없네……'라고 다른 사람과 비교하고는 울적해했습니다.

새로운 직장에서 일을 시작해서 열심히 한 시기도 있었지만 결국 또 어느 타이밍이 되면 이렇게 생각하게 됩니다.

'내가 있을 장소는 여기가 아니야…….'

사실 근본적인 문제는 그 직장이나 환경이 아니라 분명 제 안에 있었지만 그 사실을 깨달은 건 그 후로 몇 년이 지난 다음이었지요.

20대 중반, 저는 이직한 화장품 회사에서 선전 판촉부에 배속되었습니다. 그 회사는 사원의 평균연령이 낮아서 활기가 넘치는 분위기였는데 당시 저는 일에 매진하려고 필사적이었습니다. 처음에는 화장품과 향수에 둘러싸여 있다 보니 가슴이 두근거렸고 담당했던 마케팅과 PR 업무도 제 호기심을 자극했지요.

또 제가 속한 부서는 유명 여성지에 상품정보를 제공하거나 언론을 대상으로 신작발표회를 하고 광고를 촬영하는 등 얼핏 보기에는 굉장히 화려한 곳이었습니다(매일 하는 업무는 정말 힘들어서 실제로는 멋지지 않았지만). 딱히 몰두할 만한 것이 없었던 저는 '도쿄 한복

판에서 반짝반짝 빛나는 일에 몰두할 수 있는 것' 자체가 기뻐서 일을 잘 해내려고 열심히 노력했습니다.

그 결과, 업무량은 까닥 하다가는 펑크가 날 정도로 불어났습니다. 평일에는 심야 12시 40분의 마지막 전철에 겨우겨우 올라타서 집에서 가장 가까운 역에서 내려, 역의 옆에 있는 오리진 도시락(일본의 도시락 체인점-옮긴이)을 삽니다. 혼자 사는 원룸 아파트에 돌아와서 멍한 상태로 아무 생각 없이 도시락을 먹고, 쓰러지듯 잠이 듭니다. 몇 시간 자고 아침에 일어나서 화장을 하고 또 출근합니다. 토요일과 일요일에 회사에 가는 일도 흔해서 한 달에 백오십 시간이 넘는 야근을 계속했습니다.

일은 즐거워. 다른 사원들도 모두 열심히 일하고 있어. 그러니까 나도 열심히 해야지, 열심히 해야지, 열심히……

머리로는 그렇게 생각하면서도 감정은 점점 불안정해지고, 늘 극도의 긴장과 조바심이 가득했지요.

그리고 언젠가부터 집으로 돌아오는 길에 주르륵 눈물이 나오기 시작했습니다.

하지만 울며 집에 돌아와도, 저는 늘 어질러진 방에 혼자 외톨이처럼 있어야 했지요…….

이렇게까지 일해도 야근수당은 전혀 없었습니다. 정신적으로도 경제적으로도 위태위태한 생활이었지요.

'이런 식으로 일을 쭉 계속할 수 있을 리가 없어.'

'이대로라면 나는 망가져 버릴 거야…….'

마지막에는 도망치듯이 그 회사를 나왔습니다.

▶위화감의 원인은 다른 누군가가 아닌 나 자신에게 있다.

바보인 척하면
정말 바보가 된다

◇◇◇◇◇◇◇◇◇◇◇◇◇◇◇◇◇◇

그 후, 저의 긴 이직활동이 결실을 맺어서 화장품 회사에 다니던 시절보다도 훨씬 연봉이 높은 상장기업으로 이직할 수 있었습니다. 그리고 이전 직장에서 '업무는 열심히 하면 할수록 힘들어진다'라는 상황을 직접 본 저는 다음 회사에서는 '바보인 척'을 해서 일이 몰리지 않는 편한 위치를 차지하려고 했습니다.

그때 제 나이는 서른을 앞두고 있었기에 '이 상장기업에서 매달 안정된 급여를 받고, 그동안 결혼해서 육아수당, 육아휴직을 제대로 받아야지. 나는 커리어를 쌓는 것이 목적이 아니야. 일을 열심히 하면 할수록 또 일에 쫓겨서 결혼이 멀어지게 될 거야. 그러니까 어쨌든 스트레스나 부담 갖지 말아야지. 야근 없는 편안한 일을 하고 싶어……'라고 생각했습니다. 지금 다시 생각해 보면 믿기지 않는 이야기이지만 그때의 저는 진심이었습니다. 남들이 저에게 일을 의뢰해도 시간을 들여 질질 끌면서 하고, 회의에 출석해도 아무 말 없이 그저 자리에 앉아 있을 뿐이었지요.

그런 행동들의 효과는 엄청나서 저는 정말로 '일이 몰리지 않는 사람'이 되었습니다.

항상 의욕 없고, 만날 자리를 뜨고, 화장실 칸에서 스마트폰을 만지작거리며 시간을 보냈지요. 마음속으로 '아, 빨리 집에 가고 싶어'라고 생각하며 하루 종일 몇 번이고 시계를 보면서 퇴근시간까지 얼마나 남았는지를 확인하곤 했습니다.

그렇게 늘 뭔가가 어긋나 있는 듯한 위화감을 끌어안은 채 매일을 살아갔지요. **입 밖으로 말하는 것과 마음속으로 생각하는 것, 행동 전부가 뒤죽박죽이라 앞뒤가 맞지 않았습니다.**

하지만 위화감을 끌어안고 있어도 '그럼 나는 정말 무엇을 바라고 있는 걸까?'라는 질문의 답은 나오지 않더군요.

애초에 저 자신과 차분히 대치해 본 적도 없어서 제 소망 같은 것도 잘 몰랐던 것 같습니다. 동료와의 점심시간에는 하나도 재미없는데 억지로 웃음을 짓거나, 마음속으로는 '성가시네'라고 생각하면서도 선배가 자랑하는 이야기를 부러운 듯이 듣거나 했지요. **자신의 머리로 생각하지도 않고, 본심을 말하려 하지도 않고 일단 하**

루가 지나가게 내버려 두면서 금요일이 되면 '스트레스 풀 거야!'라며 한잔 하러 갑니다. 평일의 불완전한 연소감을 보상받듯이 주말에는 노는 약속을 잔뜩 만들어서 '나는 열심히 살고 있어'라고 믿어버리지요……

그런 식으로 일주일, 한 달, 일 년을 보냈습니다.

무섭게도 그러는 중에 점점 제가 바보인 척을 하고 있는 게 아니라 정말로 바보가 되어가고 있는 것처럼 느껴지기 시작했습니다. 다른 여성 사원들이 솜씨 좋게 차례차례로 진행하는 간단한 사무 작업조차도 저는 몇 배나 더 많은 시간이 걸렸습니다.

'나는 이런 일도 못하는 건가……'

충격이었지요. 그리고 엄청나게 불안해지기 시작했습니다. 일에 쫓기지 않기 위해서 부담을 느끼지 않기 위해서 일을 잘 못하는 캐릭터인 척하려던 건데 '진짜로 아무것도 못하게 됐네!?'라는 생각에 두려워졌습니다.

"스즈키는 정말 의욕이 없네."

주변의 그런 평가를 들을 때면 '나에 대한 신뢰감이 없나'라는 생각이 들며 일일이 마음이 흔들리더군요. 부정적인 강한 언어는 다이렉트하게 저의 셀프 이미지를 만들어 갔습니다.

'나는 일을 잘 못해.'

'나는 목표도 열정도 없는 쓸모없는 사람이야.'

마치 자신에게 저주를 걸어가듯이 무의식중에 저를 탓하는 언어가 머리에 떠오르는 일이 많아지고, 점점 저 자신이 싫어졌습니다.

▶바보 행세는 당신을 구해주지 않는다.

만화 카페에서 깨달은
나의 현실

'지금 이 상태는 뭔가 이상해.'

그렇게 느끼고 있으면서도 무엇을 어떻게 바꾸면 좋을지, 답은 쉽사리 찾아지지 않았습니다. 하지만 역시 '뭔가가 이상하다'는 점은 확실했지요.

언젠가 회사 점심시간에 동료들과 함께 시간을 보내는 장소에서 도망치고 싶어서 근처에 있는 만화 카페에 다니던 적이 있습니다. 대낮의 밝은 시간에 어둑어둑한 방에 들어가서 만화책을 읽거나 인터넷을 하거나 이런저런 생각을 하거나 했었지요.

그날 점심시간에도 만화 카페에 도망쳐 들어가서 헤드폰을 귀에 끼고 티브이를 보고 있었습니다. 피겨스케이트 대회에서 연기를 선보이고 있는 아사다 마오의 모습이 나오더군요. 저는 그녀의 연기를 넋을 잃고 감동하면서 보았습니다. 그리고 그걸 다 본 후, 갑자기 그녀와 저의 사이에 하늘과 땅만큼의 차이가 있다는 걸 느끼고 좌절했습니다.

일본 국민 모두의 기대를 짊어지고, 엄청나게 많은 관객들의 주목을 받으며 링크 위에서 미끄러지고 있는 반짝반짝 빛나는 소녀 그리고 어두침침한 만화 카페의 좁은 방에 혼자 덩그러니 앉아 마치 벌레처럼 모니터의 빛에 달라붙어서 화면을 보고 있는 나…… 이런 현실에 어마어마한 충격을 받았습니다.

'같은 시대, 같은 나라에 살고 있는데 왜 둘의 인생은 이렇게 다를까?'

저는 스타가 되고 싶은 건 아니었지만…… 마오 씨처럼 젊을 때부터 자신의 인생을 열정적으로 살면서 맡은 일을 끝까지 해내는 여성과 현실도피를 하며 자신이 놓인 환경에 대한 불만을 항상 반복하고 있는 나…… 그 차이를 호되게 자각하지 않을 수 없었습니다.

그리고 또 한 가지 느낀 점이 있습니다. 이 세상은 마오 씨처럼 스스로의 목표를 향해 일직선으로 나아가는 일부 '실현자'와 모니터 화면을 사이에 두고 이쪽에서 그들의 활약을 바라보며 일희일비하거나 응원하거나 야유하는 대부분의 '팔로워(대중)'로 이루어져 있다는 것이지요.

나도 내 인생을 열정적으로 살고 싶어!

저는 그런 생각을 하며 만화 카페의 좁은 방에서 혼자 울었습니다.

▶작은 어긋남은 커다란 위화감이 되어간다.

원점은
'돈 없음, 꿈 없음, 남친 없음'

저는 30세 생일을 두 달 앞두고 있던 때에 '정말 내 인생을 바꿔야 겠다'라고 본격적으로 결심했습니다. 3년 정도 교제하고 동거하던 남자친구와 헤어진 겁니다.

그와 함께 살던 집을 나와서 또다시 비좁은 1인용 아파트를 계약했습니다. 다시 구입한 싱글 베드와 이삿짐 상자로 꽉 찬 방에서 저는 정말이지 절망적인 기분이 들었습니다.

'또 처음부터 다시 시작이네…….'

'서른 살까지는 꼭 결혼하고 싶어!'라고 집착하던 목표마저 사라졌지요.

이사 자금 때문에 저금도 없어졌다.

몰두할 수 있는 취미도 없고 일도 없다.

회사에서는 '의욕이 없는 사람'이다.

실현하고 싶은 꿈도 없다…….

어릴 때 상상했던 어른의 모습과는 거리가 먼 상태로 30세가 되려 하고 있었습니다.

혼자 좁은 원룸에 덩그러니 앉아 있으면서 제 마음에 북받쳐 오른 것은 **'이런 인생, 이제 싫어!' '이건 분명히 뭔가가 잘못됐어!'라는 안쪽에서 치밀어 오르는 강렬한 감정이었습니다.** 억압해 오던 '분노'가 폭발하면 커다란 에너지로 변환됩니다. '분노'가 분출되면서 현실에 맞설 수 있는 폭발적인 기동력이 생겨난 겁니다.

▶ 강렬한 감정은 미래를 움직이는 에너지가 된다.

'자신이 바뀌면 세상이 바뀐다'는 말은 정말이다!

그때부터 저는 저 자신을 잊을 정도로 열중하기 시작했습니다.

'꼭 인생을 바꾸고 말 거야!'라는 강하고 강한 '욕망'에서 비롯된 행동이었습니다.

당시 제가 해결하고 싶던 문제는 '결혼'과 '돈'입니다. '결혼'은 상대가 있어야 한다는 전제가 필요하므로 목표로 삼기 어렵지요. 그래서 일단 '돈'의 문제에 착수하기로 결정했습니다. '돈이 부족해' '저금해 둔 게 없어' '장래가 막연하고 불안해'라는 생각을 늘 갖고 있었기에 **돈 문제를 해결하는 것이 인생이 걸린 '커다란 과제'를 해결하는 것**이라고 생각했습니다.

'회사의 급여 이외에, 수입원을 만들자!'

그렇게 결심했습니다.

그 당시 제 친구들은 모두 어딘가의 회사에 소속되어 있는 사원이었고 저와 마찬가지로 급여 이외의 수입원은 없는 것 같았지요. 그래서 저는 인터넷에서 부수입이 될 만한 일을 검색해 보았습니다.

당시에 'OL[1] 부업'이라고 검색하면 '밤의 아르바이트' '주말 아르바이트' 소개 사이트가 제일 위에 뜨더군요. 캬바레 같은 클럽에서 일할 생각은 없었고, 토요일과 일요일에 단기 아르바이트를 할 생각도 없었습니다. 그래서 '회사원 부업' '회사원 돈 버는 법'이라고 검색 키워드를 바꿔봤더니 '투자' '상품 판매' '어필리에이트[2]' 그리고 '사업'에 관련된 정보가 나왔습니다.

인터넷이라는 크고 넓은 바다를 계속 검색하던 중에 어떤 블로그에 도달하게 되었습니다.

'회사에 소속되지 말고 스스로 돈 버는 힘을 키워서 평일 낮부터 맥주를 마실 수 있는 자유로운 라이프스타일을 실현합시다'라는 테마를 내세운, '과거 회사원'이었다가 지금은 '행복한 개인사업주'가 된 남성의 사업 블로그였습니다.

'세계 어디에 있든 컴퓨터 한 대만 있으면 일을 할 수 있다.'

---

1 Office Lady : 일본에서 사무직 여성을 칭하는 말.
2 성과 보수형 광고

'좋아하는 일을 직업으로 삼을 수 있다.'

'회사원 이상의 수입이 있다.'

'평일이라도 여행을 갈 수 있다.'

'서로 꿈을 이야기하고, 성장할 수 있는 동료가 많이 있다.'

그런 일상이 기록되어 있었습니다.

저는 블로그를 몇 개월치나 거슬러 올라가서 과거 게시글까지 닥치는 대로 읽으면서 '굉장해! 나도 이런 인생을 살고 싶어!'라는 생각에 가슴이 두근거렸습니다.

하지만 어떻게 그런 업무 방법을 실현할 수 있는 건지, 그 '방법'이 잘 이해가 되지 않았습니다.

그 무렵의 저는 '기업에 소속돼서' '매일 출근하는' '일하는 대가로 한 달에 한 번 정해진 급여가 납입되는' 일하는 방법밖에 몰랐기 때문에, 회사에 속하지 않고 정신적으로 자유로운 데다가 경제적으로도 풍요로운 생활이 어떻게 성립되는지 상상이 가지 않았습니다.

'……수상하다.'

사람은 자신이 모르는 세계를 알게 되는 것을 두려워합니다. 자연스레 동물들의 자기 방위 본능(지금의 생활이나 자기 자신이 크게 바뀌어버리는 것을 무서워함)이 작동하기 때문입니다. 어쨌든 블로그를 쓰고 있는 그 사람은 내가 모르는 것을 알고, 스스로 돈을 만드는 사람이었지요. 그래서 저는 일단 제 흥미를 끄는 사이트와 블로그 몇 군데에 접속해서 태어나서 처음으로 메일 매거진을 몇 종류 구독해 봤습니다.

그랬더니 그날부터 매일 제 메일함으로 구독한 메일 매거진들이 오기 시작하더군요.

'당신이 입 밖으로 말하는 언어가 당신의 현실을 만듭니다.'
'당신 주변에 있는 10명의 사람들이 지금의 당신을 만듭니다. 인
　생을 바꾸고 싶다면 교제하는 사람들을 바꿔봅시다.'
'덕을 쌓으면 반드시 돌아옵니다. 이것은 우주 에너지의 원리원
　칙입니다.'

당시의 저에게 메일 매거진에 쓰여 있는 말들은 충격적이었습니다. 저는 그때까지 한 번도 자기계발서를 읽어본 적 없어서 그런 개념을 전혀 몰랐기 때문이지요. 날마다 받는 메일 매거진을 통해 저의 가치관이 점점 변화해 가는 것을 느꼈습니다. 완전히 이해한 건 아니었지만 제가 내뱉는 말에 조금씩 주의하게 되었고 다른 사람에게 친절하게 대해야겠다고 명심하게 되었습니다.

그랬더니 제 삶에도 차차 변화가 일어났습니다. 구체적인 예로 그렇게 싫었던 회사 사람들과의 커뮤니케이션이 원만해졌고 친구에게서 '요즘 생기가 넘치고 즐거워 보이네'라는 말을 듣는 일이 많아졌습니다.

'자신이 바뀌면 세상이 변한다'라는 것이 바로 이런 거구나!

매일 회사에 가야 하는 생활이나 여유 없는 경제상황은 변하지 않았지만 '새로운 자신'으로 조금씩 다시 태어나는 것 같았습니다.

▶인생을 바꾼 사람의 말을 접해본다.

인생의 전환기가 된
대만 여행

어느 날 항상 읽고 있는 메일 매거진의 발신자에게서 안내문이 왔습니다.

'대만에 가지 않으실래요?'

자유롭고 풍요로운 날들을 실현하고 있는 그 메일 매거진의 발행인과 그와 비슷하게 행복한 삶을 누리고 있는 성공한 사람이 대만에서 함께 토크 세미나를 한다는 내용이었지요. 현지 집합·현지 해산이었고, 혼자 참가하는 것도 가능하다고 하더군요.

게다가 1월 16일, 그날은 희한하게도 저의 30세 생일이었어요! 주말 휴일에 하루만 유급휴가를 더 내면 2박 3일로 참가할 수 있는 일정이더라고요. 30세 생일을 함께 보내자고 약속한 상대도 없었습니다.

'이건 용기를 내서 가야만 해! 30대를 시작하는 나를 위한 생일 선물이야!'

그렇게 결심한 저는 즉흥적으로 그 대만 투어에 참가했습니다.

여러 메일 매거진과 블로그 그리고 대만 투어는 저에게 실로 긴 터널을 빠져나온 끝에 있던 '미래로 향하는 문'이었습니다.

사람들을 만나기로 한 대만 공항에 도착해 보니 예상 외로 많은 사람이 있었습니다. 아마 서른 명 이상은 있던 것 같아요. 저와 마찬가지로 유급휴가를 써서 참가한 사람도 있는가 하면 항상 마음대로 해외에 갈 수 있는 자유롭고 풍요로운 삶을 실현하고 있는 사람들도 많이 있었습니다.

'자유롭게 사는 사람들이 이렇게 많단 말이야!?'

저는 놀라움을 감출 수 없었습니다.

제가 하루 종일 회사에 틀어박혀 일을 하고 있는 동안 그들은 좋아하는 장소에서 노트북을 펴고 일을 하고 블로그 등을 통해 다른 이들을 감화시키고, 언어로 누군가의 인생을 변화시키고 있던 것이지요. 그리고 만난 적도 없는 수많은 사람들을 대만까지 오도록 움직이고 있는 겁니다.

'매일 이렇게 살 수 있다니, 너무 멋지잖아!'

'나도 자유롭게 살면서 해외에서 만날 수 있는 동료들을 갖고 싶어!'

마음속 깊이 그렇게 생각하며 그들을 동경했습니다.

대만 체재 중, 저는 일단 주최자의 근처에 있으면서 **그들이 어떤 이야기를 하는지, 어떤 사고방식을 가지고 있는지를 가능한 한 많이 흡수하려고 했습니다. 좌뇌를 사용해서 이해하려고 하는 게 아니라 그야말로 그들의 말을 '흠뻑 뒤집어쓰는' 것처럼 해서 저에게 깊이 스며들게 하고 설치했습니다.**

2박 3일의 투어 기간 동안 그들과 가까이 지내면서 알게 된 점이 있습니다. 그들이 세간에서 흔히 말하는 '대단한 사람'은 아니라는 점입니다. 부모님이 경영자라든가, 집이 유복해서 특별한 교육을 받았다든가, 고학력이라든가, 인맥이 있다든가, 남의 이목을 끄는 겉모습을 가졌다든가 하는 것도 아닙니다.

극히 평범한 생활을 해온 보통 사람이 자신의 강점을 살려서 시대에 맞는 사업을 하고, 자신의 인생을 마음껏 살아가고 있는 겁니다.

'평범한 그들이 할 수 있는 거라면 나도 할 수 있을지도 몰라……!'

막막하고 불안하기만 했던 '나의 미래'에 대한 강렬한 희망과 두근거리는 열정이 끓어오르기 시작했습니다.

'나도 계속 다른 사람의 배에 편승하는 게 아니라 '나의 인생'이라는 배를 타고 나 스스로 방향을 돌리고 싶어!'

'꼭 저런 삶을 실현할 거야!'

대만에서 보낸 3일은 지금 생각해도 시간 감각을 알 수 없을 정도로 꽉 차 있었으며 '제 인생이 바뀐' 커다란 전환기가 되었습니다.

인생의 '전환기'는 스스로 결정할 수 있습니다. 이것이 '자신의 인생을 디자인하는 것'이지요. 30세의 생일을 맞이하여 보낸 대만에서의 3일은 '이상적인 미래'를 향해 출발하기 위한 인생의 첫걸음이었습니다.

▶동경하는 사람의 말을 듣고 자신의 것으로 만들어 보자.

인생의
'전환기'는
내가 만들 수
있다.

두 번째,

'현재 있는 장소'에서
미래가 시작된다!

자신감이 없을 때일수록
입력 중독이 된다

'일하는 방식을 바꿔야지! 인생을 바꿀 거야!'

그렇게 결심한 후에도 실제로 무엇을 직업으로 삼아 살고 싶은지는 정해지지 않은 상태였습니다.

저는 그것을 찾으면서 매일 자기계발서를 읽고 흥미가 있는 강연회나 세미나에 참가하거나 사업의 힌트를 얻을 수 있을 것 같은 모임에 출석하여 스스로 일을 만들어 내는 경영자들을 만날 수 있는 장소에 나갔습니다. 그때까지 제가 몰랐던 세상의 정보들을 수집하기 위해 날마다 대량으로 입력활동을 하던 것이지요.

단 그렇게 한다 해도 현실이 갑자기 바뀌지는 않았습니다. 회사 근무라는 현재 상태와 경제상황은 그전과 변함없었고, 평일에는 여전히 매일 아침마다 회사원들로 꽉 찬 만원 전철을 타고 출근했지요. 회사에 도착하면 일을 하고, 정해진 시간이 되면 퇴근하는 그런 생활이 계속되었습니다.

비록 제 생활은 바뀌지 않았지만 머릿속만큼은 만남과 블로그, 메일 매거진을 통해 알게 된 '새로운 세상'에 있는 사람들의 사고방식과 그들이 사는 모습으로 가득했지요…….

'현실'과 '새로운 세상'이라는 두 가지 세계를 오가면서 양쪽의 말을 듣다 보니 제 머릿속은 점점 혼란스러워졌습니다.

이 점은 현대사회를 살아가는 많은 사람들에게 공통으로 나타나는데요. 우리는 인터넷과 SNS, 티브이 등 다양한 정보에 빠지는 경향이 큽니다. 특히 사람은 스스로에게 자신감이 없을 때일수록 다양한 정보를 계속 입력하게 됩니다. 그렇게 모은 정보로 지식만 풍부해져서 혼란스러워하다 보면 정작 행동에 나서지 못하게 됩니다.

제가 실제로 경험하고 생각한 점인데요. '이렇게 되고 싶어!'라고 동경하는 요소가 정해지거나 실현하고 싶은 미래가 대충 정해졌다면 다음의 세 가지 스텝을 실행하는 게 중요합니다.

(1) 자신이 현재 있는 장소를 분명히 한다.

(2) 정보는 취사 선택(어느 것을 자신에게 도입할지를 결정)한다.

(3) 현재 있는 장소와 실현하고 싶은 미래와의 갭을 구체적인 행

동을 통해 메워나간다.

　지금까지의 연장선상이 아닌 새로운 미래를 손에 넣으려면 계속 머릿속에 입력만 하는 게 아니라 모아둔 정보와 두근거리는 마음을 '행동의 에너지로 변환'해서 현실을 움직여볼 필요가 있습니다.

▶희망하는 미래상에서 지금의 자신을 바라본다.

이미지 샘플을
모으자

'아무런 제한이 없다면 당신은 어떤 미래를 살아가고 싶습니까?'

당시 제가 읽고 있던 자기계발서나 참가했던 세미나에서 몇 번이고 들었던 질문입니다. 그런데 막상 대답하기에 상당히 어려운 질문이라고 생각하지 않으세요?

우리는 태어나서부터 계속 가족, 지역, 학교, 회사, 돈……등 다양한 제한을 받으면서 살아갑니다. 그래서 '제한이 없다고 한다면……?'이라는 말을 들어도 좀처럼 상상력을 발휘할 수 없습니다.

'뭐든지 이루어진다고 한다면 뭘 하고 싶어? 뭘 갖고 싶어?'

'어떤 인생을 살고 싶어?'

'어떤 사람이 되고 싶어?'

그 당시 저는 이렇게 테마가 커다란 질문을 들으면 구체적인 대답은 떠오르지 않고 머리가 새하얘지는 '사고 정지 상태'가 되곤 했습니다.

예를 들어, '어떤 옷을 사고 싶어요?' '어느 나라에 여행 가고 싶어요?'와 같은 질문에는 자신이 '알고 있는' 한도 내에서 대답할 수 있지요? 우리는 '알고 있는 것' 중에서만 동경하고 목표로 삼을 대상을 발견할 수 있습니다.

저는 그 당시 '최고의 인생을 살고 있는 사람의 샘플'을 많이 알지 못했기에, '아무런 제한이 없다고 한다면?'이라는 질문에 대해 늘 '사고 정지 상태'가 되었던 겁니다.

'자신에게 있어서 최고의 인생'을 구체적으로 상상하려면 일단 '최고의 인생을 살고 있는 사람의 샘플'을 많이 모읍시다.

▶이상적인 미래의 샘플을 모으자.

일상에 대한 불만은
'미래에 대한 리퀘스트'

테마가 커지고 시간축이 먼 미래가 되면 상상하는 이미지가 잘 떠오르지 않습니다. 그래서 저는 발상을 바꿔보았습니다. 미래의 샘플을 수집하면서 동시에 제가 현실에서 평소에 분노를 느끼는 점, 참는 점, 불만이라 생각하는 점을 구체적으로 써내려가기 시작했습니다.

- 나는 지금 무엇을 참고 있는가?
- 정말로 무엇을 하고 싶지 않은가?
- 누구와 만나고 싶지 않은가?

이런 것들을 계속 노트에 적어보았습니다.

아침에 일어나서 하루 동안 저 자신에게 포커스를 맞추기만 해도 '불만'은 산더미처럼 쏟아져 나오더군요.

- 만원 전철을 타고 싶지 않다.
- 알람시계 때문에 깨고 싶지 않다.
- 매일 일곱 시간 자고 싶다.
- 좁고 불편한 욕실 때문에 스트레스받는다.
- 매일 아침 허둥지둥 나갈 준비를 하고 싶지 않다.
- 대충하는 메이크업이 당연한 것처럼 되어 있다.
- 편의점 캔커피가 아니라 스타벅스 커피를 마시고 싶다.
- 회사에 갈 때 입는 옷은 별 볼일 없다.
- 싸구려 옷밖에 못 사는 게 슬프다.
- 귀여운 원피스를 갖고 싶다. 등등

'최고의 미래'를 상상하는 것보다 당시 제가 끌어안고 있던 현실적인 불만과 스트레스, 바꾸고 싶다고 생각하는 작은 일들을 써내려가는 게 훨씬 쉬웠습니다.

이건 제가 세미나와 강좌에서 수강생 모두에게 추천하고 있는 것인데요, '자신이 가지고 있는 작은 불만들'을 언어화해서 몸속에서 점점 해방시켜 주듯이 노트에 써내려가 보는 겁니다. 그렇게 하다 보면 써내려간 것의 정반대 편에 존재하는 '자신의 소망'이 명확해집니다.

불만들로 가득 찬 노트를 바라보며, '자, 나는 어떻게 하고 싶은 걸까?'라고 '반대로 생각'해 보면 자기 안에 있는 '작은 소망'을 깨달을 수 있습니다.

앞의 페이지에 예로 든 저의 '불만'에서는

- 만원 전철을 타지 않는 생활을 하고 싶어.
- 매일 일곱 시간 자고, 알람 없이 자연스럽게 눈을 뜨고 싶어.
- 넓고 사용하기 쉬운 욕실이 있는 집으로 이사 가고 싶어.
- 매일 느긋하게 몸치장을 하고, 입고 싶은 옷을 골라 입고, 화장도 제대로 하고 싶어.

라는 '작은 소망'이 보이기 시작했습니다.

이것이 '제한이 없다고 한다면 실현하고 싶은 최고의 미래'라는 질문에는 대답할 수 없던 구체적이고 작은 '저의 소망'입니다.

'아아, 나에게 이상이 없던 게 아니었어!'

'이렇게 되고 싶다는 희망이 확실히 있었구나!'

이런 작업을 통해 저에 대해 또 한 가지를 알았다는 느낌이 들었습니다. 이상적인 미래를 향해 한 발자국 전진했다는 걸 실감할 수 있었지요.

당신도 꼭 '지금 느끼는 분노, 내가 참고 있는 것, 불안한 점'을 노트에 써보세요. 그러면 **자신이 '현재 있는 장소'와 가야 할 '목적지'를 동시에 발견하는 힌트를 얻을 수 있습니다.**

저는 지금도 그 당시 노트에 썼던 '불만 리스트'를 가끔씩 다시 보는데요, 그 무렵의 '작은 불만들'은 지금의 제 생활에서는 전부 사라졌습니다. 사업을 시작하고 나서 3년이 지난 현재에도, 저의 '과거와 현재'를 통합하는 작업으로서 이 노트를 정기적으로 계속 업데이트하고 있습니다.

일상에 대한 불만은 당신의 '미래에 대한 리퀘스트'입니다. 마음속에서 끓어오르는 작은 리퀘스트들이 무엇인지 똑똑히 귀를 기울여봅시다.

▶불만 리스트를 만들면 작은 꿈을 발견하게 된다.

다음 질문을 읽고 '일상에 대한 불만'을 생각나는 대로 노트에 써보세요.

(1) 당신이 지금 참고 있는 것은 무엇입니까?

_____

_____

_____

_____

_____

(2) 당신은 무엇을 하고 싶지 않습니까?

_____

_____

_____

_____

(3) 어떤 사람들과 만나고 싶지 않습니까?

_____

_____

_____

_____

_____

돈 없음. 꿈 없음. 남친 없음

WORK 그 불만들을 '반대로 생각'해서 당신이 실현하고 싶은 '구체적인 미래'를 적어봅시다.

'현재 있는 장소'에서 미래가 시작된다!

정기권을 버리고
통근 루트를 바꿔 보면……

'만원 전철을 타고 싶지 않아.'

노트의 첫 번째 줄에 그렇게 썼던 저는 그다음 날부터 매일매일 통근 수단을 바꾸어 보기로 했습니다. **중요한 것은 작은 일이라도 즉시 행동으로 '변환'하는 것입니다.** 회사에서는 한 달치의 정기권 요금만 지급해 줘서 여분의 지출비용은 발생하지만

'오늘은 가까운 정류소까지 걸어가서 버스 타고 회사에 가봐야지.'

'오늘은 한 정거장 먼저 내려서 거기서부터 집까지 걸어가야지.'

'오늘은 조금만 사치를 부려서 택시를 타봐야지.'

이런 식으로 매일 방법을 바꿔서 통근해 보았습니다. 그랬더니

돈 없음. 꿈 없음. 남친 없음

단지 그것만으로도 **나의 의지로 선택하고 있어!**'라는 '자유'를 느낄 수 있었습니다! 매일 아침, 같은 시각에 같은 역에서 출발하는 만원 전철에 올라타서 회사로 갈 때는 보이지 않던 풍경에도 눈길이 가기 시작했습니다.

'이 길은 나무들이 아름답네.'
'이런 멋진 카페가 있었네!'
'오늘은 집에 갈 때 혼자 술을 마셔봐야지.'

통근 방법을 바꾼 것만으로도 특별할 것 없는 평일도 살짝 두근거리는 기분이 들어서 즐거워졌습니다. 일상은 갑자기 격변하지 않습니다. 하지만 **일상 속의 '선택'을 바꾸면 작은 변화는 금방 일어날 수 있습니다.** 미래에 대한 리퀘스트를 분명히 하고 그것을 실현하기 위한 구체적인 행동을 선택한다면 당신의 세상은 지금이라도 당장 변화할 겁니다.

자, **오늘은 어떤 리퀘스트를 이루어볼까요?**

▶매일의 루틴을 조금 바꾸어 본다.

'무엇을 위해 일하는지'를
가르쳐 준 사람

우리는 무엇을 위해 일을 하는 걸까요?

이 질문을 생각하면 저는 어떤 여성이 떠오릅니다. 그녀는 제가 이전에 근무하던 회사의 부서에 있던 파견 사원이었는데요. 눈 깜짝할 사이에 모든 사원들이 의지하는 존재가 된 사람이었습니다. 파견 사원으로서 지시받은 업무만 처리하는 게 아니라 본인의 일이 없는 시간에도 늘 무언가 할 일을 적극적으로 찾아서 계속 일을 하고는 했지요.

가령 부서의 공유 선반에 가득 차 있는 서류를 전부 깔끔하게 다시 파일링하고, 책에 등표지를 붙여서 사람들이 보기 쉽게 정리하거나 문방구 등의 비품을 용도 별로 말끔하게 분류해서 박스에 넣어두거나 재고를 늘 구비하는 등 항상 자신의 '역할'을 스스로 찾아

내고 있었습니다.

그야말로 그녀는 스스로 **'일'을 만들고 있었던** 겁니다.

'정리를 좋아해서 정돈과 정리수납 자격증을 땄어요.'라고 말하던 그녀는 실제로 작업하는 모습 자체가 매우 즐거워 보였습니다. 그녀가 저희 부서에 배속된 이후로 부서 안은 점점 깨끗해졌고 물품도 훨씬 사용하기 쉬워졌습니다!

'어떻게 하면 일을 떠맡지 않고 편하게 보낼 수 있을까?'

그런 생각을 하던 당시의 저에게 그녀의 근무 태도는 충격적이었습니다. 그리고 저는 그녀를 자주 관찰하게 되었지요.

그녀는 회사라는 조직에 속해 있지만 마치 개인사업주처럼 일을 하고 있었습니다. 파견 사원으로서 의뢰받은 업무 외의 일을 할 때도, 누구에게 지시받거나 부탁받은 일을 처리하는 자세가 아니었어요. 그렇다고 누군가에게 잘 보이기 위한 자세도 아니었고요.

'제가 스스로 결정해서 일하고 있습니다.'라는 늠름한 자세로 매사에 몰두하더군요. 그런 태도는 결코 자기희생적인 것이 아니라 자신이 하는 일 자체에 순수하게 기쁨을 느끼고 있는 것처럼 보였지요.

스스로 남들에게 도움이 되는 일을 척척 하고, 그걸 본 주변 사람들은 감동하고 기뻐하며 제각각 그녀에게 감사의 말을 전합니다.

그러는 중에도 그녀는 또 즐겁게 다음 일을 찾아가지요.

사람은 그 사람이 하는 말이 아니라 하는 행동에 따라 신뢰를 쌓아나갑니다. 그녀가 매일 꾸준히 쌓아나간 덕이 '그녀에 대한 주변 사람들의 신뢰'로 이어진 겁니다.

'누군가를 위해 내가 할 수 있는 일은 얼마든지 있다. 설령 작은 일이라도 그것을 쌓아가다 보면 커다란 감사와 계속적인 기쁨이 생겨난다.'

그런 그녀의 모습을 같은 부서 안에서 계속 목격하다 보니 어느새 저도 영향을 받았더군요.

'하고 있는 일 자체를 즐긴다.'

그런 느낌을 주는 사람들은 밝은 에너지를 발산하고 그 에너지가 주위 사람들에게도 영향을 주게 된다는 것도 알게 되었습니다. 실제로 그녀가 즐겁게 일하고 있는 모습은 주변 사원에게도 전염되어 부서의 분위기가 점점 밝아지고 활기를 띠게 되었습니다.

'일을 즐기고 자긍심을 가지고 일하면 나뿐만 아니라 주변 사람들과 회사까지 밝게 만드는구나!'

그녀의 일하는 모습을 보고 배운 점은 지금도 제 머릿속에 똑똑히 남아 있습니다.

제3장부터는 고용된 마인드를 버리고 생활 습관을 바꾼 방법과 부업을 시작하는 방법 등에 대한 구체적인 이야기를 해 보겠습니다. 자, 함께 현실을 움직여봅시다!

▶밝은 에너지는 주변에도 확장된다.

돈 없음. 꿈 없음. 남친 없음

작은 행동으로
미래에 대한
리퀘스트를 변환한다.

세 번째,

시간을 바꾸면
당신이 바뀐다!

소중한 삶의 조각을
'시간 도둑'에게서 지켜라!

'자신의 시간의 가치'를 생각해 본 적이 있습니까?

이번 달에 있는 일정은 당신이 '정말로 하고 싶다'고 생각하는 일입니까?

현대를 살아가는 우리들은 바쁜 하루하루를 보내고 있습니다. 제가 '좋아하는 일을 하며 살 수 있으면 좋겠어!'라는 생각으로 도전을 시작했을 때, **가장 먼저 '부족해!'라고 통감한 것은 '시간'이었습니다.** 당시에 저는 월요일부터 금요일, 아침 9시부터 저녁 6시까지 회사에서 근무하고 있었기에, 야근과 저녁 약속이 없다고 해도 아홉 시간 이상은 회사 안에서 보내는 셈이었지요. 평일 밤의 약속, 토요일과 일요일의 약속까지 있으면 **'자신의 미래를 위해 투자하는 시간'**은 전혀 없는 겁니다.

인생을 바꾸기 위해서는 시간 사용법의 '우선순위'를 바꿔야 합니다. '오늘 하루를 어떻게 보내는지가 축적되어 인생이 되기' 때문입니다. 그래서 저는 시간에 관해 다음의 세 가지를 즉시 시작했습니다.

(1) 무의식중에 낭비하고 있는 시간을 의식화해서 '시간 도둑'들에게서 지킨다.
(2) 자신의 시간의 가치를 최우선으로 여긴다.
(3) 일정을 자세히 조사해서 스스로 시간을 컨트롤한다.

하루 24시간은 모든 사람에게 평등하게 주어집니다.

시간은 돈처럼 '오늘은 사용하지 않으니까, 저금해 두는' 것이 불가능합니다. 다음 날로 가져 가는 것도 불가능합니다. 우리 모두에게 매일 똑같은 시간이 지나가고 있는 겁니다.

행복하게 성공하고 있는 일류 분을 보면 그들은 자신의 시간을 굉장히 높고 중요한 위치에 두고, 시간을 똑똑히 지키고 있습니다.

여기에서 말하는 '시간을 지키다'라는 것은 무의식중에 낭비하고 있는 시간을 '의식화'해서 나도 모르게 해버리는 일='시간 도둑'들에게서 지킨다는 말입니다.

일단은 항상 '나도 모르게 해버리는 일=습관'을 의식하고 끌어낼 필요가 있습니다. 자신이 하루에 하는 행동을 객관적으로 바라봅시다.

- 전철 안에서나 약간의 시간이 생겼을 때 스마트폰 게임을 하지 않습니까?
- 집의 소파에서 뒹굴거리면서 다른 사람의 SNS를 계속 들여다보지 않습니까?
- 귀가한 후에 '일단' 티브이를 켜지 않습니까?

지금까지의 연장선상이 아닌 미래로 시프트하려고 하는 우리들에게 시간은 무엇보다도 귀중한 자원이지요. 이러한 일상의 소소한 일부터 의식을 하지 않으면 시간은 모래시계처럼 스르륵 흘러가 버립니다. 평소에 당신의 소중한 삶의 조각인 시간을 빼앗고 있는 것은 무엇입니까?

▶ 무의식의 습관을 의식해 보자.

티브이를 버리고
인생에 집중하면……

'나의 시간을 어떻게 사용하고 있는가?' 그것을 적어 보니 제가 티브이를 켜고 있는 시간이 의외로 많다는 것을 깨닫고 깜짝 놀랐습니다.

저는 원래 DVD로 영화 같은 걸 보지 않고, 티브이 방송도 거의 켜두지 않는다고 믿고 있었습니다. 하지만 당시에는 혼자 사는 생활로 돌아온 직후였기 때문에

- 아침에 외출준비를 할 때, 티브이의 뉴스 방송을 켠 채로 하고 있다.
- 방에서 혼자 밥을 먹을 때, 버라이어티 방송을 보고 있다.

이런 습관이 있다는 걸 깨달았습니다.

티브이의 정보라는 건 편견에 사로잡혀 있어서 의식하지 않으면 '스스로 생각하는 힘'이 점점 없어지게 됩니다. 또 당시 제가 동경하고 있던 행복한 성공자인 선배들은 아무도 티브이를 보지 않았습니다.

그래서 저도 그 습관을 흉내 내기로 했습니다. 동경하는 사람을 발견했을 때 그들의 습관을 받아들이는 것은 '자신을 바꾸는' 빠른 방법입니다.

'이제 티브이를 보지 않겠어!'라고 마음을 정하고, 티브이 자체를 과감히 처분하기로 했습니다.

그로부터 며칠 동안은 지나치게 조용한 방이 적막해서 견딜 수 없었습니다. 방에서 혼자 밥을 먹고 있을 때는 특히나 더 그랬지요!

하지만 일주일 정도 지나다 보니 그런 생활에 익숙해졌고, 그때까지 제가 얼마나 불필요한 정보를 계속 받아들이고 있었는지를 깨달을 수 있었습니다. 티브이를 보는 대신에, 영어 인터넷 라디오를 틀어놓거나 오디오북을 듣거나 했습니다.

티브이를 보지 않는 생활을 4년 가까이 하다 보니 그것이 당연해져서 지금은 본가에 귀성했을 때 티브이가 켜져 있으면 오히려 제가 즉시 꺼버릴 정도가 되었습니다.

미래를 움직이고 싶다고 생각할 때에 중요한 것은 일단 '자신의 시간과 목적지에 집중하는 것'이므로 이때 티브이나 스마트폰 게임은 필요 없습니다. 그동안에 책을 한 페이지라도 더 읽는 편이 확실히 당신의 '영양분'이 될 겁니다.

▶낭비시간을 자신을 위한 투자시간으로 바꾼다.

불필요한 교제는
'캐릭터 설정'으로 격퇴

가고 싶지 않은 회사의 회식을 거절할 때는 철저하게 '캐릭터'를 만드는 게 최고입니다.

제가 소속되어 있던 부서도 회식참석의 권유가 많았기 때문에, 저는 그것을 거절하기 위해서 매일 업무 후에 일정이 있는 '회사 이외의 사생활이 엄청 중요한 캐릭터'를 연기했습니다.

"죄송해요! 오늘은 일정이 있어요!(웃는 얼굴)"라고 말하며 철저하게 매번 절대로 가지 않을 것.

이걸 계속하다 보면 사람들이 '저 사람은 매일 업무 후에 일정이 있는 사람'이라고 인지하므로 점차 권유 자체가 없어지게 됩니다(웃음).

저의 클라이언트 중에는 평일에는 회사 근무를 하고 주말에는 사업 준비를 하면서 직장에서는 계속 철저하게 '병약한 캐릭터'를 만들어 온 분도 계십니다.

그녀도 회식에 권유받는 일이 많은 부서에 있었다고 하는데요.

"밤에 돌아다니면 컨디션이 나빠져서요. 다음 날 업무에 지장을 초래하고 싶지 않아요."라고 말하는 병약한 캐릭터를 연기하면서 회사 업무는 확실히 정시에 끝내고 '사이드 비즈니스를 하는 시간'을 확보했다고 합니다. 현재 그녀는 프리랜서로 사업가의 비서 업무를 하며 대활약하고 있습니다.

"나는 영업직이기 때문에, 교제는 거절할 수 없어."

이처럼 불가능한 이유를 대고 있는 동안에는 인생이 극적으로 바뀔 수 없습니다. 회식에 가지 않으면 좋은 평가를 받기 힘든 직장이라면 그곳은 당신이 '오래 있어야 할 장소'는 아닌 게 아닐까요?

'10년 후, 20년 후에도 정말 지금 같은 환경에서 살고 싶은가?'라고 자문해 보고 대답이 NO라면 **내 시간을 무엇을 하는데 사용할지' 생각하며 우선순위를 바꿀 필요가 있습니다. 오늘 하루를 어떻게 보내는지가 축적되어 내 인생이 되기 때문입니다!**

▶ '불가능한 이유'는 인생을 극적으로 바꾸지 않는다.

오늘 당신이 하루를, 일주일을, 한 달을 보내는 방식을 객관적으로 다시 살펴보고 적어 보세요. 그 일정들은 <당신의 시간>=<삶>을 사용해서 하고 싶은 일인지도 물어보세요.

자신을 '최고의 고객'이라 생각하고 시간을 사용한다

자신의 시간을 어떻게 보내는지는 인생을 어떻게 보내는지와 그대로 직결됩니다.

지금 당신이 이 시간과 어떻게 마주하고 있는지는 당신의 인생과 어떻게 마주하고 있는지와 같습니다.

자기 자신을 '최고의 고객'이라고 생각하고 자신과의 시간을 최우선으로 여깁시다. 자신과 대화하는 시간을 확보하고, 그 시간에는 스마트폰 소리나 SNS 알림도 꺼두세요. 꼭 시간의 가치를 의식하고, 자신의 시간을 최우선으로 여겨보세요.

▶세상에서 가장 중요한 나 자신에게 시간을 사용하자.

돈 없음. 꿈 없음. 남친 없음

미래로부터 거꾸로 계산해서
오늘의 스케줄을 정한다

시간은 귀중한 자원이라고 인식했으면 **무엇을 하는데 '내가 어느 정도 시간을 들이는지'를 파악하는 것을 추천합니다.**

- 아침 일어나서 외출 준비를 하는 데 몇 분 걸리는지
- 집을 나선 후 회사의 책상에 도착하기까지 이동시간은 어느 정도인지
- 친구들과의 점심식사에 어느 정도 시간을 들이는지
- 책을 한 권 읽는 데 몇 시간 걸렸는지
- 중요한 보고 메일을 한 통 쓰는 데 몇 분 정도 걸렸는지……

이렇게 자신의 행동과 그것을 하는 데 걸리는 시간을 대충 파악

해 두면 시간에 대한 매니지먼트 능력이 현격히 높아집니다.

모든 사람에게 평등하게 주어지는 **하루 24시간이라는 시간을 '스스로 컨트롤하는'** 감각은 매우 **중요**합니다. 그 감각을 키우면 그야말로 '내 인생'의 오너가 된다는 느낌을 얻을 수 있습니다. 또 **나는 이 시간을 어떤 목적으로 사용하고 싶은 걸까?**라는 것도 다시 한번 의식할 수 있습니다.

저는 회사원을 그만두고 '행복하고 자유로운 개인사업주가 되는 것'을 목적으로 삼았을 때부터, 다음 페이지에 쓴 것처럼 '미래를 어떻게 살고 싶은가?'라는 커다란 목적을 향한 흐름에 몸을 맡기고, 한정된 시간을 최대한으로 활용하기 위해서 **'지금, 무엇을 해야 할지?'**를 선택하고자 했습니다.

자신의 인생을 어떻게 살고 싶은가?

(예 : 어디에 있든 스스로 두근두근하는 일을 만들어 내서 경제적으로도 풍요롭고 스트레스도 없는 인간관계 속에서 인생을 보내고 싶다.)

1년 후에 어떻게 되어 있을까?

(예 : 회사원 생활을 졸업하고, 내 일로 월 40만 엔의 매상을 안정적으로 벌고 있다.)

이번 달에 무엇을 할까

(예 : 돈을 스스로 만들어 내는 트레이닝을 한다. 회사 급여 이외에 10만 엔의 수입을 만든다.)

⇩

하루 24시간 동안 무엇을 할까

(예 : 오늘 중으로 옷 세 벌을 합계 만5천 엔의 가격으로 설정해서 '메루카리[3]'에 업로드한다.)

⇩

한 시간을 어떤 목적으로 사용할까

(예 : 낮에 한 시간 동안 옷 사진을 깔끔하게 촬영하고, 상품 설명문을 만든다.)

만약 당신이 '1년 후, 내 집 방 한 칸에 작은 에스테틱 살롱을 열고 싶다!'라고 결정했다면 그 꿈을 이루기 위해 이번 달에 할 수 있는 일, 오늘 할 수 있는 일들이 구체적으로 떠오르겠지요? 또 예를 들어 '1년 후에 내가 정말 좋아하는 지금의 남자친구와 결혼식을 올리고 싶어!'라고 결정했다면 그러기 위해서 이번 달에 할 수 있는 일, 오늘 할 수 있는 일도 여러 가지 떠오를 겁니다.

---

3 일본의 프리마켓 어플

그 일들은 당신이 꿈꾸는 미래를 향해 나아가기 위한 To Do(해야 할 일)이니까, 마음도 두근거리지 않으세요?

'나 스스로 내 인생을 진행시키고 있어!'라는 작은 달성감을 하나 하나 쌓아가다 보면 이는 커다란 자기 긍정감으로도 연결됩니다.

매 순간 '무엇을 우선시해야 할까?'라고 생각하며 행동하면 당신의 인생은 엄청난 속도로 변화할 겁니다.

그야말로 **'시간의 밀도가 높아지는'** 거지요.

지금까지 평일 밤에 멍하니 티브이 드라마를 보며 흘려보낸 한 시간과 자리를 뜨지 못한 채 계속 앉아 있어야 했던 회식에서의 한 시간은 길이는 같아도 그 깊이나 밀도는 전혀 다릅니다. 시간의 가치를 높게 잡으면 잡을수록 '지금까지의 시간 개념'과는 크게 달라질 겁니다. 자, 당신은 앞으로의 한 시간을 어떻게 보내실 겁니까?

▶내가 시간에 이용당하지 말고, 내가 시간을 마음대로 다룬다.

수첩 앞에서의 아침 15분이
인생을 움직인다

아침에 일어나서 뇌가 활동을 시작하자마자의 시간은 황금시간입니다. 이때의 뇌의 모습을 컴퓨터에 비유하면 전원을 켜자마자 척척 움직이는 그 상태와 같지요. 이 시간을 유효하게 활용하면 좋잖아요!

평일 아침 시간은 눈 깜짝할 사이에 휙 지나가 버려요······ 이렇게 생각하는 분은 30분만 일찍 일어나서 그 시간을 활용해 보시길 추천합니다.

다만 일어나자마자 '스마트폰을 만지는 행동'은 절대로 하지 않도록 주의합시다. 특히 SNS를 스크롤하는 행위는 주의가 필요합니다. 모처럼 아침의 깨끗한 뇌에 정보를 꾸역꾸역 집어넣는 건 아깝기 때문이지요.

저는 아침에 일어나면 그대로 샤워를 해서 머리와 몸을 개운하게 깨우는 일부터 시작합니다. 그리고 샤워를 하면서 **그날 예정되어 있는 '가장 즐거운 일'**을 상상합니다.

'○○ 씨를 만나서 멋진 가게에서 런치를 먹을 수 있겠네!'
'밤에는 오랜만에 극장에서 영화를 보네!'
'정말 좋아하는 아티스트의 라이브 영상을 봐야지!' 등등 무엇이든지 좋습니다.

하루의 대부분이 두근거리지 않는 시간이었다 해도, 아무에게도 방해받지 않는 '당신만의 시간'은 어딘가에 반드시 있을 겁니다.

- **행복한 기분이 든다.**
- **감사를 느낀다.**
- **서서히 따뜻한 기분이 된다.**

자신을 위해 그런 시간들을 만들어주세요.

중요한 것은 **시간의 길이가 아니라 그 행복한 시간을 '깊이 맛보**

는 것입니다. 그러다 보면 작은 기쁨도 조금씩 커져 갑니다.

정말 10분이라도 좋으니, '아아, 나만의 시간! 행복한 시간이네' 라는 생각이 드는 시간을 만들어보세요.

샤워를 하고 말끔해진 후의 15분은 책상 앞에 앉아서 마음에 드는 수첩을 펴고 '오늘 하루를 레이아웃하는 시간'입니다.

일단 수첩에 오늘 하루의 할 일을 구체적으로 전부 적어봅니다.

사업을 시작한 후 제 경우는

- 클라이언트와의 세션
- 업무의 미팅
- 자료를 만드는 시간
- 트레이닝에 가는 시간
- 이동시간

등이 있는데요. 사업 초기에는

- Facebook에 게시물 올리는 시간
- 블로그를 쓰는 시간

등도 세세하게 정했었지요.

해야 할 일들을 전부 쓴 다음에는 다음의 것들을 생각합니다.

- 그것을 하는 목적은 무엇인가.
- 오늘 가장 얻고 싶은 결과는 무엇인가.
- 그 결과를 얻기 위해서 무엇부터 시작하면 좋을까.

그리고 적어놓은 것 중에서 오늘 '안 해도 되는 일'은 지워버리고, '해야 할 일'만 남겨둔 다음에 그 안에서 '우선순위'를 정합니다.

한정된 시간을 보낼 때 중요한 것은 일단은 '무엇을 그만둬야 하는지'를 정하는 일입니다. '오늘 안 해도 되는 것'을 정하고 그걸 수첩에서 지우고 나면 '할 일이 잔뜩 있어서 완전 패닉이야!'라는 상태는 되지 않겠지요.

그리고 할 일과 우선순위를 적어서 가시화함으로써, 밀도 높은 하루를 수월하게 보낼 수 있게 될 겁니다.

또 '수첩에 무엇을 남길까' '어떻게 우선순위를 매길까'를 정하는 것은 '자신의 인생에 대한 지휘권을 가지기' 위한 연습도 됩니다.

제 경우 '수첩에 하루의 할 일을 적고, 레이아웃하는 습관'을 몸에 익히고 생활했더니 시간감각도 더 생겼습니다. 가령 5분이나 10분처럼 짧은 시간 동안에도, 이메일 회신이나 은행 납입, 블로그에 업로드할 문장의 초안쓰기 등 할 수 있는 일이 많아서 그 시간을 온전히 활용할 수 있습니다.

짧은 시간이라도 아무 생각 없이 타인의 SNS를 들여다보거나, 스마트폰으로 게임을 하거나 하는 건 너무 시간이 아까워요!

시간은 '삶의 조각'입니다. 5분, 10분이라는 지극히 짧은 시간을 사용하는 방법이 당신이 인생에 얼마만큼 경의를 표하는지를 나타냅니다.

하루뿐만이 아니라 인생과 마주하는데 중요한 역할을 다하는 수첩. 그 수첩에 마법을 거는 비결은 **'수첩을 24시간 가지고 다니는 것'**입니다. 수첩을 집에 두지 말고 늘 가지고 다니면서 업무 중에도 책상 위에 수첩을 펼쳐두십시오. 꼭 이렇게 해보세요.

저는 애용하는 프랭클린 플래너(명저 〈성공하는 사람들의 7가지 습관〉을 모티브로 삼아 만들어진 수첩)를 일할 때도, 친구와 식사할 때도, 여행 갈 때도 늘 가지고 다닙니다.

사업을 시작한 후에 제가 많은 경영자들을 만나면서 알게 된 건, 인생을 차근차근 전개해 가는 사람은 압도적으로 '결단이 빠르고' '시간 사용을 잘 한다'는 점입니다.

오늘이라는 중요한 인생의 날을 유효하게 보내기 위해서 하루의 시작인 아침 시간에 '수첩을 펼치고, 오늘 하루를 레이아웃하는 일'

을 꼭 도입해 보세요.

　이것을 습관화하다 보면 시간을 대하는 감각이 완전히 달라진다
는 점에 당신도 분명 놀랄 겁니다.

▶ 수첩으로 인생을 디자인한다.

틈새 시간을 활용하면
하루가 세 시간 길어진다

인생을 바꾸기 위해서 진지했던 무렵, 저는 회사에서 일을 하는 시간 이외에는 항상 사업 준비를 위한 행동을 했습니다. 당시는 어쨌든 하루 24시간이 부족할 정도로 할 일이 많았기 때문에 평균 수면시간이 네 시간 반 정도밖에 되지 않았습니다.

앞에서도 이야기했지만 그때도 지금처럼 아침 시간만큼은 알차게 사용하고 있었습니다. 출근 전에 외출준비를 하는 시간은 '~하면서 공부'의 시간입니다.

세미나 음성이나 오디오북을 1.5배속으로 재생해서 매일 아침마다 출근 준비를 하면서 30분씩 들었습니다. 특히 아침에는 뇌가 긍정적인 것에 반응하기 쉬우므로 그 시간은 매우 효과적인 '배움의 시간'이 됩니다.

이 방법이 익숙해질 때까지는 조금 거부감이 들지도 모르지만 막상 **습관이 되면 매우 효과가 좋으므로 바쁘고 시간이 부족한 분들께 특히 추천합니다.**

'틈새 시간'의 활용도 효과적입니다.

전철을 기다리는 시간에도, 스마트폰 어플인 킨들Kindle을 사용해서 몇 페이지라도 책을 읽거나 생각난 것을 메모하거나 이어폰으로 음성교재를 듣거나 할 수 있습니다.

짧은 시간이라도 자신이 하고 싶은 일과 해야 할 일을 '의식화'해서 조금이라도 정리하는 습관을 만들기만 해도 하루의 시간은 느낌상 세 시간 정도 길어집니다.

예를 들어 당신이 영어회화 공부를 하느라 지금까지 매일 한 시간씩 책상에 앉아 집중해서 공부를 했다고 합시다. 그러면 일주일에 일곱 시간 동안 머리에 입력한 것이지요?

그렇게 책상에 앉아 머리에 입력하는 시간과 합쳐서

- 아침에 출근 준비를 하는 동안, 영어음성교재로 양질의 지식 입력 30분
- 회사로 가는 통근 시간에 새로운 단어 암기 30분
- 점심시간은 동료와 보내지 않고, 밥을 먹으면서 공부 30분

- 회사에서 귀가하는 동안, 아침에 외운 단어를 반복하며 암기 30분

이 시간들만 확보해도 벌써 하루에 한 시간이던 공부 시간이 세 시간으로 길어지고, 1주일이면 일곱 시간이던 공부 시간이 21시간이 되는 겁니다!

그리고 영화나 유튜브에서 영어로 된 동영상을 볼 때는 자막이 나오지 않도록 설정합니다. 식사하러 갈 때 영어를 구사하는 외국인 친구도 섞어 만나고, 스마트폰의 설정 자체를 영어로 바꾸는 등 일상 속에서 영어를 접할 기회를 늘리는 것만으로도, '미래에 대한 준비 시간'은 점점 늘어나게 됩니다.

이렇게 당신의 의식에 따라 시간 사용법은 얼마든지 바꿔 나갈 수 있습니다!

▶ '~하면서'와 '틈새' 시간을 활용한다.

'시간 단락'으로
집중력을 높이자!

휴일에 데스크 작업을 할 경우, 시간이 듬뿍 있는 날일수록 중요한 것이 **'집중력을 유지하는 법'**입니다.

　많은 분들이 '시간은 많이 있었는데 생각보다 일을 많이 못했어!' 라는 경험을 해 보셨을 겁니다. **시간은 짧게 단락 지을수록 집중력을 유지할 수 있습니다.** 실제로 제가 도입하고 있는 '시간 단락'의 기본 패턴을 공유해 보지요.

60분 데스크 작업

⇩

15분 휴식(몸을 움직이는 작업을 한다.)

⇩

60분 데스크 작업

15분 휴식(몸을 움직이는 작업을 한다.)

60분 데스크 작업

이때 중요한 것은 휴식시간에 인터넷 서핑을 하거나 동영상을 보거나 하지 않고 '몸을 움직이는 작업을 하는' 겁니다. 예를 들어 집에서 데스크 작업을 하고 있을 때는 15분의 휴식시간에 빨래를 개거나 부엌의 싱크대 주변을 청소하거나 하면서 적당히 몸을 움직이기를 추천합니다.

의자에 앉아서 움직임 없는 자세로 하나의 작업에 집중할 수 있는 시간은 어른이어도 길게 30분 정도라고 하는 것 같더라고요.

일단은 30분 데스크 작업부터 시작해 보고, 그게 익숙해지면 45분으로 늘려보는 식으로 '당신이 집중하기 가장 쉬운 리듬'을 찾아 도입해 보세요.

▶집중력을 높이면 시간이 늘어난다.

돈 없음. 꿈 없음. 남친 없음

오늘의 일 분,
한 시간이 쌓여서
인생이 된다.

네 번째,

작은 성공의
습관을 기르자!

스스로 돈을 만든
경험이 있습니까?

'회사에 속하지 않고 내가 좋아하는 일을 하며 살아가는' 것을 목표로 할 때 **많은 사람들이 느끼는 불안요소는 '돈'이 아닐까요?**

회사에서 일하면 매달 정해진 급여가 꼬박꼬박 입금되지만 스스로 일을 해나갈 때 과연 현재 급여 정도의 수입을 만들 수 있을까요? 또 그 수입을 계속 만들어 낼 수 있을까요?

제가 세미나에서 청중들에게 자주 물어보는 질문인데요.

'회사 급여 외에 스스로 월 5천 엔 이상의 돈을 만들어 낸 경험이 있는 사람, 손들어 보세요!'라고 했을 때 손을 드는 사람은 절반도 되지 않습니다.

사업 분야의 세미나에 참가하고 있는 사람들조차 '한 번도 스스로 돈을 만들어 낸 적이 없어'라는 사람들이 반 이상입니다.

저는 수강생들에게 **일단은 천 엔부터라도 좋습니다. '스스로 돈**을 만드는 경험을 해 보세요!'라고 말하고 있습니다.

▶ 스타트로 소액이라도 돈을 벌어볼 것

좋아하는 일이 돈이 된
'여행 모임' 기획

제가 처음 돈을 만들어 낸 것은 '여행 모임'이라는 식사 모임의 기획
이었습니다.

이왕 스스로 돈을 만드는 일에 도전하는 거라면 제가 좋아하는
일을 하고 싶었지요. 그래서 제가 굉장히 좋아하는 '여행'과 제 강점
인 '많은 친구들'(나중에 이것이 '집중력'이 된다는 걸 알았습니다)을 합쳐서
'여행 좋아하는 친구들을 만날 수 있어요! 인기 태국 레스토랑에서
같이 태국 요리를 먹어요!'라는 식사 모임을 주최했습니다.

여행을 좋아하는 친구, 태국 페스티벌에서 만난 친구, 자주 가는
도쿄 시모기타자와의 바에서 만난 사람들을 참가자로 초대했습니
다. '초대 메시지'는 참가 유무를 결정하는 중요한 요소라고 생각해
서 복사&붙이기를 하지 않고 마음을 담아서 한 사람 한 사람에게

맞춤형 문장을 만들었습니다.

참가자는 목표였던 10명, 참가비는 4천 엔으로 설정하고 모임 장소는 본격적인 태국 요리가 나오는 단골가게로 정했습니다. 그곳 점장님에게 부탁해서 한 사람당 3천 엔짜리 코스(요리와 음료 무제한)를 만들어 달라고 했습니다. **즉 한 사람당 천 엔, 10명이 다 오면 만 엔의 이익이 나는 계산이었지요.**

당일 저는 모임 시작 한 시간 전부터 두근거리는 마음으로 모임을 준비했습니다. 계속해서 가게로 모여드는 참가자들을 보며 '와 주셔서 감사해요!'라는 고마움이 마음속에 가득했지요!

저는 모임의 처음부터 끝까지 여기저기 자리를 이동하며 사람과 사람을 연결해 주거나 서로 소개해 주거나 식사를 나누어 주거나……하느라 엄청 바빴습니다! 제가 처음 '주최자'로서 기획한 '여행 모임'은 별 문제 없이 즐겁게 마쳤어요.

모임이 끝난 후, 참가한 사람들이 '재밌었어요!' '다음에 또 모임 만들어주세요!'라는 말들을 해줘서 정말 기뻤지요. 참가자들끼리 서로 연락처를 교환하면서 인연이 넓어지는 모습을 보는 것도 웃음이 나올 정도로 행복했고요.

나는 사람들을 연결해 주는 일과 친구의 매력을 언어화시켜서 소개하는 걸 잘하는구나!

제가 그렇다는 걸 이때 처음으로 알 수 있었습니다. **여기에서 새롭게 발견한 저의 '강점'은 그 후에 제가 비즈니스를 하게 되었을 때에도 살릴 수 있었습니다.**

▶작은 기획이라도 커다란 수확을 얻을 수 있다!

'새로 만들어 내는 쪽'에 서면 풍경이 달라진다

'여행 모임'을 개최해 보면서 배운 점도 많았습니다.

저 나름대로 모임 전날까지 '꽤 준비한' 것 같았는데 막상 당일이 되니, '그것도 필요했구나!' '이런 일도 벌어지는군!' 이런 식으로 발견의 연속이었지요.

그 발견들 속에서 특히 뼈저리게 느낀 것은—

(1) 평일 밤으로 기획했으므로 일 때문에 늦는 사람, 당일 취소를 할 것 같은 사람도 있어서 조마조마했다!

취소한 참가자에게 악의는 없겠지만 주최자 입장에서는 당일 취소가 꽤 타격이 크다는 걸 알게 됐습니다. 특히 사람 수에 맞게 식사를 준비한 경우는 더 그렇겠지요.

(2) 모임 당일에 '가게로 가는 길을 헤매고 있어요.' '역에 도착했는데 가게까지 어떻게 가면 되죠?'와 같은 연락이 휴대폰으로 엄청 걸려왔다!

사전에 가게의 주소만 보내지 말고 지도 이미지도 같이 보낼 걸, 전날에 한 번 더 리마인드 메일을 참가자들에게 보내면 좋았을 걸 하는 생각도 들었습니다.

이렇게 모임을 주최할 때마다 알게 되는 점들은 매번 상세하게 메모로 남겨서 다음번에 활용하도록 했습니다.

식사 모임에서도 세미나에서도 이벤트에서도 '준비'를 얼마만큼 철저히 할 수 있는지가 모임 당일의 성공여부를 판가름합니다.

그날 밤 저는 '여행 모임'을 주최하고 처음으로 만 엔이라는 돈을 만들 수 있었습니다. 시급이 천 엔인 아르바이트라면 열 시간이나 일해야 받을 수 있는 금액입니다.

어딘가의 회사나 아르바이트직으로 고용되어 '노동의 대가'로서 얻은 돈이 아니라 **내가 즐거운 일을 생각하고 실행해서 만들어 낸 첫 1만 엔!** 정말 감동적인 경험이었습니다. 그날 밤의 흥분은 지금도 기억하고 있을 정도로 굉장했습니다.

이 '여행 모임'을 계기로 저는 '여성 모임' '아침 모임' '애프터눈 티

모임' '세미나에서 배운 점을 공유하는 모임' 등의 주최를 거듭하면서 **'기획'과 '집객'을 위한 실천을 계속했습니다.**

한창 피크일 때에는 친구와 기획한 '핼러윈 나이트'에서 참가자가 200명이 넘는 규모의 이벤트를 성공시킬 수 있었지요!

이것도 전부 '처음 기획한 10명의 여행 모임'이라는 시작이 있었기 때문입니다.

스스로 일을 만들어 내는 인생을 향해 나아갈 때, **참가자 쪽이 아니라 주최자 쪽의 경험**을 하게 되면 확실히 다양한 형태로 도움이 될 겁니다.

처음은 가까운 친구와의 작은 식사 모임을 여는 것도 좋습니다.

- 초대되는 쪽이 아니라, 초대하는 쪽이 되자.
- 돈을 내는 쪽이 아니라, 돈을 만들어 내는 쪽이 되자.

참가자를 모집하고 가게를 고르고 식사 메뉴 및 회비를 정하고 참가한 사람들이 '여기 오길 잘했다!'라고 기뻐해 줄 만한 기획을 생각해 봅시다. 그것만으로도 '스스로 돈을 만드는 첫걸음'이 시작되거든요.

규모가 작더라도, 돈을 만들어 내는 경험을 해 봅시다!

▶즐길 수 있는 일을 통해 '주최자'가 된다.

일단은 내 주위의
물건들을 팔아보자!

제가 '돈을 만드는 경험'을 해 보기 위해 착수한 일 중에는 '물건 판매'도 있었습니다.

'물건 판매'는 장사의 기본입니다. 게다가 요즘은 '메루카리'처럼 간단히 물건을 내놓을 수 있는 스마트폰 어플이 있어서 처음 시작할 때 진입 장벽이 낮지요. 누구라도 오늘부터 시작할 수 있습니다.

'닛케이 MJ'(일본 경제신문사·2017년 5월 31일 자)의 기사에 따르면 전국의 고등학생 1,000명을 대상으로 앙케트 조사를 했더니 55.4%가 '스마트폰 어플 등으로 돈이나 포인트를 벌어본 적이 있다'라고 답했다고 합니다.

지금의 고등학생은 무려 반 이상이 스스로 돈을 만들어 내는 경험을 하고 있는 겁니다! 그들이 이용하고 있는 서비스의 1위는 포인트 획득 사이트이고 2위는 프리마켓 어플 등을 통한 중고품 판매라고 하더군요.

당시 30세였던 저는 '야후 옥션!'에서 상품을 구입한 적은 있어도, 물건을 팔아본 경험은 한 번도 없었습니다. 그래서 일단은 옷장 속의 물건을 전부 꺼내서 안 입는 옷, 가방 등 쓰지 않는 물건을 프리마켓 어플인 '메루카리'와 '프릴FRIL'을 통해 팔아보았습니다.

명품도 아닌, 그저 회사원의 평범한 물건입니다.

'이런 옷이 과연 팔릴까?'라고 반신반의했는데 글을 올린 그날 바로 '사고 싶다'라는 메시지가 온 겁니다! 그 덕에, 구입희망자와 메시지 주고받기, 금액 확인, 물건 포장, 발송 준비 등 일련의 흐름을 경험할 수 있었습니다.

우스갯소리지만 처음 물건을 '배송료 무료'로 설정했는데 낙찰자가 오키나와의 외딴 섬에 살고 있는 분이었습니다. 우체국 택배로 발송하고 배송료가 비싸서 깜짝 놀랐지요(웃음).

결국 처음에 판매한 상품의 이익은 수백 엔뿐이었지만 **출품부터 발송까지의 과정을 경험할 수 있었다는 게 중요합니다. 경험의 가치는 헤아릴 수 없으니까요!**

프리마켓 어플은 내 주위의 물건 전부를 '현금화할 수 있는 자산'으로 바꾸는 도구입니다. 주말에 공원 등에서 개최되는 프리마켓에 출점하거나 '북오프' 등의 중고품 매입 서비스에 가지고 오거나 할 필요도 없이, 누구라도 쉽게 스마트폰으로 '물건 판매'를 시작할 수 있는 시대입니다!

한번이라도 상품이 팔렸다면 두 번째 출품은 더 쉬워집니다. 판매 경험이 없는 분도 일단 어플을 통해 하나라도 팔아보세요. 한 발자국 내디디면 다음 한 발자국은 자연스럽게 따라가게 될 겁니다.

좀 심한 말이긴 하지만 사용하지 않는 물건을 판매하는 행동조차 착수할 수 없는 사람은 '사업'으로도 성공하기 어렵습니다.

▶물건 판매는 누구라도 바로 시도할 수 있다.

물건은 어떻게 하면
팔 수 있을까?

'팔고 싶은 상품의 사진을 찍어서 가격을 정하고, 상품 설명문을 써서 어플로 출품한다.'

단지 이것뿐이지만 이 물건 판매의 공정을 통해 '비즈니스에 필요한 요소'를 많이 배울 수 있습니다.

(1) 상품 사진에 따라서 클릭 수가 분명히 바뀐다!

프리마켓 어플에는 상당수의 상품이 올라와 있기 때문에, 일단 상품의 사진이 깔끔하지 않으면 고객들은 클릭조차 하지 않습니다. 사진이 어둡고, 배경에 여러 가지 물건이 찍혀 있는 것은 NG이겠지요. 상품이 분명히 보이도록 하얀 벽을 배경으로 밝은 장소에서 촬영합시다. 이 작은 수고만으로 상품 사진에 대한 반응이 달라집니다.

옷의 경우, 행거에 걸린 사진과 착용 사진 둘 다 촬영하는 게 좋습니다. 착용 사진이 있다는 이유로 매상은 배로 늘어났습니다.

(2) 캐치프레이즈, 설명문, 발상을 바꿔서 테스트 마케팅

'모델 △△씨가 □□잡지에서 착용한 스커트'라는 프레이즈에 끌리는 사람이 있는가 하면 '지금 시즌, 가장 잘 팔리는 머스트 바이 재킷'이라는 문구를 믿고 사는 사람도 있습니다.

저는 사람들의 반응을 얻을 수 있는 문장의 샘플을 늘리기 위해 인기잡지의 목차나 캐치프레이즈를 연구하고, 구매심리와 마케팅 관련 책을 사서 문장의 조합을 시험해 보았습니다.

어플은 구입자뿐만이 아니라 '이 상품 좋네'라고 생각하는 사람들도 표시를 눌러줘서 상품 판매의 테스트 마케팅을 하는 데도 딱 좋지요. 인터넷을 사용해서 비즈니스를 하는 경우 '언어 실력을 높이는 일'은 필수사항입니다. 언어 실력은 물건 판매뿐만 아니라, 모든 정보발신을 필요로 하는 상황에 도움이 됩니다.

(3) 가격, 가치, 판매방법을 생각하는 연습이 된다!

자신이 출품하는 것과 동일 브랜드 혹은 비슷한 상품을 다른 사람은 어느 정도의 가격에 출품하고 있는지를 조사해서 자신이 출품하는 가격을 '어디쯤에 설정할지'를 생각합니다.

판매하려는 물건을 프리마켓 시장에서의 평균적인 가격보다, 가격을 낮춰 판매하는 일은 쉽게 할 수 있습니다.

반대로 가격은 조금 비싼 듯해도 '몇 천엔 이상 구입하시는 분께 ○○를 선물로 드립니다'라는 식으로 '특전'을 붙여 판매하거나 '주말에만 타임 세일'이라고 제시한 캠페인을 벌여서 구입을 재촉할 수도 있습니다.

개인으로 일을 할 때 '경쟁자보다 싼 가격에 파는' 일을 반복하다 보면 빈곤 악순환에 빠집니다. 사람들이 '당신에게 사고 싶다'라고 생각하게 만드는 브랜딩이나 캠페인 등으로 구입의 계기를 만드는 방법을 생각해야 합니다. 판매 가격을 낮추는 게 아니라 부가가치를 더하는 비즈니스 스킬을 연마합시다.

기껏해야 프리마켓 어플이지만 상품을 출품하면 할수록 사진 찍는 법이나 글쓰기, 판매 방법 실력도 향상되고, 구입자와의 거래도 (거래 메일은 스마트폰의 템플릿에 저장해 두었습니다) 큰 수고 없이 빠르게 진행하게 되었습니다.

작은 비즈니스라도 실천하다 보면 많은 것을 배울 수 있습니다.

▶가격 인하 이외의 방법을 시험해 본다.

실패하지 않는
비즈니스의 네 가지 원칙

제가 쓰지 않는 물건이 잘 팔리는 걸 보고, 다음은 친구가 쓰지 않는 물건을 제가 대리 판매하게 되었지요.

물건 판매로 매상을 쌓아가려면 일단 '출품 수'가 중요합니다. 그래서 저는 일본과 중국 사이의 최대 무역 사이트인 '알리바바'를 사용해서 중국에서 코스프레 코스튬을 매입하기 시작했습니다.

옷장 속의 쓰지 않는 물건을 팔던 때에는 매상은 전부 '이익'이라고 느끼고 있었습니다. 반면 중국에서 상품을 매입해서 일본에 판매하는 '수입 전매'는 상품 매입을 위해 '초기투자' 비용이 드는 비즈니스였지요. 게다가 막상 시작해 보니, 매입한 물건이 반드시 팔린다고는 할 수도 없고, 설령 팔렸다 해도 이익이 적었습니다. 페라페라의 코스프레 코스튬을 9백 엔에 매입해서 천5백 엔에 파는 식이

었거든요.

게다가 중국에서 도착하는 상품 경우에는 '사이트상의 사진이랑 색상과 모양이 전혀 달라요!'라는 리뷰가 달리는 일이 자주 있었습니다. 아무리 마른 사람이라도 절대 들어가지 않을 것 같은 허리 사이즈의 코스튬, 이상한 색의 산타 모자 등, 마치 개그(!)같은 '하자'가 있는 경우도 많았지요.

방안에 코스프레의 샘플과 재고가 쌓여 있을 무렵, 저는 호리에 다카후미 씨가 제창한 '실패하지 않는 비즈니스의 네 가지 원칙'을 알게 되었습니다.

(1) 소자본으로 시작할 수 있는 비즈니스

(2) 재고를 만들지 않는 비즈니스

(3) 이익률이 높은 비즈니스

(4) 정기적인 수입을 만들어 내는 비즈니스

이걸 알고 완전 깜짝 놀랐지요.

당시 제가 하고 있던 일은 초기자본이 필요하고 재고를 만들고 이익률이 낮고 매상도 안정되지 않은—그야말로 실패하는 비즈니스 모델 그 자체였던 겁니다.

이것을 계기로 남아 있던 코스프레 코스튬은 모두 친구들에게 주고, 수입 판매 업무를 그만두었습니다. 그렇지만 이런 경험도 '실패'가 아니라, 반드시 '씨앗'이나 '양식'이 될 겁니다. 어쨌든 해 보지 않은 일은 모르는 거니까요.

▶ 계속되는 '실패'를 양식으로 삼자.

물건뿐만 아니라
공간도 장사가 된다

저는 민박 서비스인 Airbn에어비앤비에도 도전했습니다.

당시에 에어비앤비는 아직 메이저가 아니어서 주변의 친구나 지인 중에도 그 서비스를 알고 있는 사람은 거의 없었습니다. 하지만 여행을 좋아하는 저는 '재밌을 것 같은 서비스다!'라고 느꼈지요.

그 무렵 저는 도내에 있는 1인용 맨션의 방 한 칸에 살고 있었습니다. 당시 저는 회사일로 매달 여러 번 출장을 가고 연말연시에는 고향에 가고 여름휴가에는 여행을 가곤 해서 방을 비우게 되는 경우가 많았습니다.

'방이 비어 있을 때 그곳에 여행자가 숙박한다'라는 공유경제의 발상도 '지금 시대에 엄청 잘 맞네!'라고 느꼈습니다.

에어비앤비를 알게 된 그날, 저는 사이트에 제 방을 등록했습니다. 당연히 물건 판매로 단련한 경험을 살려서 깨끗하게 사진을 찍고 게스트가 클릭하고 싶어질 만한 캐치프레이즈와 정중한 설명문을 덧붙였지요. 그 덕분인지, 등록한 주의 주말에 여행자에게 방을 빌려주는 계약이 성립됐습니다!

인터넷이 보급되고 모두가 스마트폰을 가진 지금 시대는 이렇게 계속해서 다양한 플랫폼이 출현합니다. 사용자들이 세계적으로 연결되고 이토록 원만하게 서비스를 제공하고 개인에게 결제도 할 수 있습니다.

저는 제가 도쿄에 없을 때만 제 방을 빌려줬으므로 숙박하는 게스트와 직접 만날 기회는 없었습니다. 하지만 방에 둔 노트에 메시지를 남겨두면 '잘 머물다 갑니다!' '감사해요'라고 게스트들이 손으로 쓴 답변 메시지가 있어서 얼굴을 직접 마주하지 않고도 교류를 즐길 수 있었습니다.

'내가 일본에 없을 때, 일본에 여행 온 외국인이 내 방을 사용한다'는 것은 굉장히 이상하고 재미있는 체험이었습니다.

▶새로운 서비스도 시험해 보자.

다른 사람보다 반걸음 앞서 가면
그것이 직업이 된다

<><><><><><><><><><><><><><>

에어비앤비로 외국인에게 방을 빌려주기 시작하고 매달 3, 4만 엔
(한화 3,40만 원)의 수입이 생기고 있다는 것을 페이스북에 쓰거나(당
시에는 친구 공개였습니다) 친구에게 이야기하거나 하면 '그게 뭐야? 재
밌겠다! 하는 방법 가르쳐줘!' 하고 물어보는 경우가 늘어났습니다.

제 주변에는 여행을 좋아하는 친구가 많이 있었고, 일본에 여행
오는 외국인과 교류하고 싶어 하거나 영어로 커뮤니케이션을 하고
싶다는 사람들도 많았습니다.

그런 니즈가 있다는 점을 알고 있던 저는 에어비앤비 맨투맨 컨
설팅도 시작했습니다. 방을 빌려주고 싶어 하는 클라이언트와 함
께 컴퓨터 화면을 조작하면서 그 자리에서 에어비앤비의 초기등록
부터 방을 빌려주기까지 완료해 준다는 내용의 서비스입니다.

거기에 제 실제 경험에서 얻은

- 근처의 경쟁자와 배팅하지 않기 위한 포지셔닝
- 방 예약을 넣기 쉽게 만들기 위한 글쓰기 요령
- 숙박한 게스트에게 평점 높은 리뷰를 받기 위한 비결 등을 정리해서 특전식으로 선물했습니다.

당시 컨설팅 서비스는 60분에 5천 엔 정도의 가격이었습니다. 클라이언트 입장에서는 그 서비스를 통해 한 번이라도 방을 빌려줄 수 있다면 거기에서 발생한 매상에서 지불할 수 있는 정도의 금액이었기에 제 서비스는 매우 평이 좋았고, 입소문을 통해 컨설팅 예약이 점점 늘어났습니다.

저는 이 컨설팅 경험을 통해,

'주변 사람보다 **조금 빨리 시작했을 뿐인데 이렇게나 선행자로서의 이익을 누릴 수 있구나!**'
'**정보는 형태가 없지만 가치가 되네!**'
'**남들보다 반 발자국 앞선 내 '경험'을 콘텐츠로 만들어서 판매할 수 있구나.**'
'그렇다면 **남들이 별로 하지 않는 경험에 도전하는 것이 희소가**

치 높은 정보를 제공할 수 있게 된다는 건가!'라는 점을 깨닫고 너무 기뻤지요.

'자신의 경험'을 토대로 한 '정보'를 콘텐츠로 만들면 '상품'이 된다!

게다가 이것은 호리에 다카후미 씨가 제창한 '실패하지 않는 비즈니스의 네 가지 원칙' 중에서

(1) 소자본으로 시작할 수 있는 비즈니스
(2) 재고를 만들지 않는 비즈니스
(3) 이익률이 높은 비즈니스

무려 세 가지를 만족시키고 있어!

이 발견은 사업을 시작한 후의 비즈니스에 크게 도움이 되었습니다. 모든 경험을 '콘텐츠화한다면……'이라는 생각으로 아웃풋을 얻기 위해 몰두할 수 있게 되었습니다.

엄청난 실적도 자격도 필요 없습니다. 주변 사람보다 반 발자국만 앞서 간다면 그 경험이 콘텐츠(상품)가 될 겁니다.

당신은 어떤 콘텐츠를 만들어 내고 싶습니까?

▶ 경험은 전부 콘텐츠가 된다.

맨 처음의 한 걸음을 내디디면
다음 문이 열린다

에어비앤비는 운영하는 것 자체가 매우 즐거운 일이어서 그 후에
현재의 남편과 함께 살게 된 다음에도 계속했습니다.

당시에 저는 시부야구에 위치한 2LDK[4]의 집에 살고 있었는데,
게스트용 방을 하나 만들어서 한 달의 반만 손님에게 빌려주기로
했습니다. 다양한 나라에서 와준 많은 게스트들과 함께 사이클링
을 하거나 꽃구경을 가거나 신주크 고르덴 가이[5]에 한잔 하러 가거
나 하면서 인터넷이 연결해준 소중한 인연을 마음껏 누릴 수 있었
습니다.

세상 사람들과 교류할 수 있고 영어 공부도 되고 집세(고정비)도

---

4 2개의 방, 거실(Living room), 식당(Dining room), 부엌(Kitchen)으로 이루어진 집.
5 신주쿠의 유흥가

거의 전액을 커버할 수 있었지요. 게다가 게스트가 올 때마다 방을 대청소하기 때문에, 집안을 늘 깨끗하게 유지할 수 있다는 장점까지! 에어비앤비는 그야말로 일석 몇 조나 되는 서비스였습니다.

그 일을 즐겁게 계속하다 보니 게스트가 써주신 훌륭한 리뷰도 점점 쌓여서 저는 에어비앤비사의 '슈퍼 호스트'(게스트에게 최고의 경험을 제공하고, 전체 호스트에게 모범을 보이는 경험 풍부한 호스트에게 주어지는 칭호)로 뽑혔습니다!

슈퍼 호스트가 되었더니 일본 에어비앤비사의 식사 모임과 공부 모임에 무료로 초대를 받게 되었습니다.

'즐거운 일을 계속하다 보니 다른 사람에게 감사 인사도 듣고, 그 일이 직업이 되었다!'

이 무렵에는 제가 돈에 대해 생각하는 방식이 서서히 변화해 가고 있다는 것을 실감했습니다.

오랫동안 제 안에 박혀 있던 '돈은 노력한 가치로서 월 1회 회사로부터 입금되는 것'이라는 가치관이, **'돈은 아이디어와 행동을 통해 즐겁게 만들어 낼 수 있는 것!'**이라는 가치관으로 바뀌어 갔습니다.

돈에 대한 막연한 불안을 항상 끌어안고 있던 저에게 **이 가치관의 변화는 그야말로 '보이는 세상이 바뀐'** 사건이었습니다.

▶작은 성공은 다음 문을 여는 열쇠가 된다.

'알고 있다'와
'해 본 적 있다'는 다르다

저는 이렇게 생각을 짜내면서 회사 이외에 월 수만 엔부터 10만 엔 정도를 만들 수 있게 되었습니다.

당시 제가 도전했던 일들은 하나하나 살펴보면 작은 일이지만

'할 수 있는 일이 늘어난다.'
'조금씩 경제적인 자유인에 가까워진다.'

이렇게 매일 전진하고 있는 점을 실감했습니다.
'왠지 늘 개운치가 않다'라는 초조감은 '구체적인 행동'을 즐기며 하나하나 진행해 가면서 차차 사라져갔습니다.

또 **작은 성공체험을 통해 자신감을 쌓아감으로써, 셀프이미지도 크게 변화했습니다.**

'나는 뭘 해도 계속하지 않는 싫증을 잘 내는 사람'이라는 자신에게 갖고 있던 부정적인 이미지는 '나는 여러 가지 일에 흥미를 느끼고 발놀림도 가볍고 바로 행동으로 옮길 수 있는 사람'으로 바뀌었습니다.

'셀프 이미지'는 다시 그릴 수 있습니다. 지금 당신이 단점이라고 생각하고 있는 것도 접근방법을 바꾸면 매력적인 장점으로 싹 바뀌는 경우도 있습니다.

지식으로는 알고 있어도, 해 보지 않으면 깨닫지 못하고 알 수 없는 것이 많습니다. 사실 물건 판매, 이벤트 기획, 민박에 관한 정보는 인터넷상에서 얼마든지 찾을 수 있잖아요.

하지만 알고는 있어도 그것을 '하는 사람'은 극히 일부지요. **'실제로 행동하는 사람은 고작 3%'라는 데이터도 있습니다. '알고 있다'와 '해 본 적이 있다'의 차이는 매우 큽니다.**

게다가 '한두 번만 좀 해 보는 사람'이 아니라 '철저하게 하는 사람'의 수는 더 적어집니다.

즉 일단 시작하기만 하면 그 '소수파'에 들어가게 되는 겁니다. 그러므로 부디, 일단 '작은' 도전부터 '해' 보십시오. 계단을 하나하나

오르다 보면 그때마다 눈앞에 보이는 풍경이 바뀔 겁니다! **저는 여러분에게 회사를 그만두고 사업하는 걸 권유하는 게 아닙니다. 하지만 '돈을 만들어 내는 경험을 하는 것'과 '비즈니스 센스를 익히는 것'은 강하게 추천합니다.**

돈은 우리가 세상에 제공한 가치의 대가이고, 하나의 변환된 형태입니다.

'어떻게 하면 돈을 벌 수 있을까'를 진지하게 생각하는 것은 '어떻게 하면 세상에 가치를 제공할 수 있을까' '지금 사람들은 무엇을 필요로 할까'를 진지하게 생각하는 것과 마찬가지입니다.

'소비자 측' '참가하는 측' '팔로워(대중) 측'에 있다가 '제공자 측' '주최하는 측' '발신하는 측'에 서게 된다면 눈에 보이는 세상은 180도 바뀝니다. 다양한 시점을 지니고 관점의 수준을 높이면 당신이라는 사람의 그릇이 넓어집니다. 이토록 다양한 비즈니스를 시작할 수 있는 도구가 갖추어진 시대에서 당신만의 가치와 경제적인 풍족함을 스스로 만들어 낼 수 있다는 것을 경험해 보십시오.

비즈니스는 확실히 당신을 성장시켜 줄 겁니다.

▶실제로 행동하는 사람은 고작 3%

갑자기 전부 잘 될 거라고는
생각하지 않는다

당시에 식사 모임을 기획해서 하루에 1만 엔의 이익을 만들었던 일, 프리마켓 어플을 통해 쓰지 않는 물건을 돈으로 교환한 일, 빈 방을 다른 사람에게 며칠 빌려준 일 등 결과는 작아도 그 하나하나의 '과정'이 즐거워서 '다음에는 무엇에 도전할까?'라는 생각에 늘 두근두근했습니다.

이때 주의할 점은 **'결과'를 구하는데 급급해서 초조하게 굴지 말 것.**

'블로그를 매일 쓰고 있는데 상품이 안 팔려요.'
'세미나에 올 사람을 모집했는데 아무도 오지 않아요.'

이런 식으로 금방 자신감을 잃지 마세요!

모든 것은 실험과 개선의 반복입니다.

일이 잘 안 풀릴 때, 그것을 한탄하는 게 아니라 '어떻게 하면 좀 더 잘 될까?' 하면서 **잘 될 것 같은 방법을 몇 십 가지 생각해 두고 가능한 만큼만 가볍게 시험해 보는 겁니다. 그러면 그렇게 하는 동안에 점점 데이터가 쌓이고, 성공률도 높아지겠지요.**

노력과 결과의 사이에는 시간 차이가 있어서 노력이 곧바로 결과에 반영되지 않는다는 걸 기억하세요. 이건 비즈니스뿐만 아니라, 다이어트에서나 스포츠에 있어서도 마찬가지겠지요.

초조해하지 말고 여유를 가지세요. 여러 방법을 **궁리하고 여러 번 시험하면서 하고 있는 일의 '과정' 그 자체를 즐겨봅시다!**

▶ '결과'에 초조해하지 말고 도전의 과정을 즐긴다.

돈 없음. 꿈 없음. 남친 없음

최초의 한 걸음,
작은 성공에서
미래가 펼쳐진다.

다섯 번째,

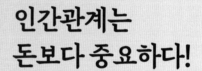

인간관계는
돈보다 중요하다!

'미래의 나'의 친구를 남보다 먼저 사귄다

'**당신이 많은 시간을 함께 보내고 있는 10명의 평균치가 당신의 인생을 만듭니다.**'

회사원 시절에 이 말을 듣고, 저의 경우는 어떨지 궁금해서 당시 빈번하게 만나고 있던 친구들의 이름을 써본 적이 있습니다.

다 쓰고 보니 확실히 그 10명은 전부 저와 비슷한 여성들뿐이었습니다. 제가 이름을 적은 10명이 전부 회사에 근무하는 독신여성으로 연봉도 비슷, 살고 있는 집도 비슷, 가치관도 비슷하더군요. 비슷한 일로 고민하고, 장래에 대해서도 똑같은 문제를 걱정하고 있었습니다.

지금 나의 인간관계는 그야말로 나를 비추는 거울이구나, 라고 진심으로 실감했습니다.

하지만 당시 저는 제 인생을 **'어딘가의 기획 사원이 아니라 좋아하는 일을 직업으로 삼아, 고객에게 감사의 말을 들으면서 월 100만 엔(한화 천만 원)의 수입을 만들겠어!'**라고 결정했습니다.

그렇다면 내가 동경하는 세계를 실현하고 있는 사람들과 더 많은 시간을 보내야지. 일독자로서 그들 블로그의 구독자 한사람으로서 정보를 받아들이는 것이 아니라 그들과 만나서 많은 이야기를 하며 함께 시간을 보내고 싶었습니다.

인터넷에서 조사해 보니, 수많은 세미나와 공부 모임 등이 있었습니다. 강의하는 강사와 등단자는 '좋아하는 일로 먹고 살아가는' 이상적인 분들입니다.

다만 매번 세미나와 모임에 계속 참가하기에는 돈이 너무 많이 들고, 그들과 함께 있을 수 있는 건 고작 몇 시간뿐입니다.

그래서 저는 그들과 길게 시간을 보내기 위해서 그저 '한명의 참가자'로 남을 게 아니라 **강사와 사적으로 만날 정도로 친해져야지!'**라고 결심했습니다. 미래로 향하는 새로운 인간관계의 시작입니다.

▶ '되고 싶은 나'를 실현하고 있는 사람을 찾는다.

강사가 내 편이 되어
나를 응원해 주면 좋다

저는 새로운 인간관계를 구축하기 위해서 제가 동경하는 요소를 가진 선배와 멘토를 찾기로 했습니다. 참가했던 세미나와 이벤트에서 알게 된 그들을 사적으로도 여러 번 만날 수 있는 관계로 만들겠다고 결심했지요. 세미나에서의 몇 시간이 아니라 일상적으로 그들과 좀 더 많은 시간을 보내며 그들의 감각을 배우고 싶었습니다.

그러나 참가자로서 평범하게 행동하는 것만으로는 제 존재가 많은 사람들 속에 묻혀버리고 말더군요. 그래서 저는 '주최자 입장에서 어떤 참가자를 보면 개인적으로 응원하고 싶은 생각이 들까?'라는 점을 생각하면서 행동하기로 했습니다.

상대방의 입장에 서서 상상한다—어릴 때부터 자주 들어온 당연한 말이지만 이것을 어느 때보다 더 강하게 의식하며 행동하는

것만으로도 인간관계는 현격히 풍요로워집니다. 당신을 응원해 주는 사람이 늘어날 겁니다. 사랑을 느끼는 기회가 많아질 겁니다.

저는 강사·주최자에게 인상을 남기기 위해서 세미나나 이벤트에 참가하기 전에 '미리 강사에게 인사 메일을 보내는 일'을 꼭 했습니다. 그 메일에는 주로 다음과 같은 내용을 적었습니다.

- 강사인 ○○ 씨를 어디에서(누구를 통해)알았는지
- 평소, ○○ 씨에게서 어떤 것을 배웠고, 어느 정도 감사하고 있는지 예를 들어 '○○ 씨가 블로그에 쓰신 △△를 실천했더니, 이런 변화가 있었어요. 감사합니다'와 같은 한마디를 넣습니다.
- 세미나 및 공부 모임 당일에 무엇을 배울 것을 기대하고 있는지, 자신이 구체적으로 어떤 목적을 가지고 세미나나 공부 모임에 참가할 예정인지 그리고 무엇을 배우고 싶은지를 전달합니다. 이것을 먼저 전달해 두면 당일에 그 부분에 관한 이야기를 해주거나 이야기를 꺼낼 가능성도 있습니다.
- '바쁘실 줄 아니까 답장은 안 주셔도 됩니다!'
  문장 끝에는 반드시 상대방의 시간을 빼앗지 않도록 배려하는 말을 덧붙입니다.

15분이면 이메일을 보낼 수 있습니다. 하지만 대부분의 사람은 이 정도의 액션조차 하지 않습니다. 본인이 하는 만큼 상대방의 인상에 남고, 기회는 넓어지는데 말입니다. 이런 노력은 하는 게 좋겠지요.

다음으로 **세미나나 이벤트 당일에 주의할 점**도 공유하겠습니다.

- 절대로 지각하지 않는다!

강사 입장에서는 참가자의 지각으로 인해 모임이 중단되는 게 싫을 겁니다. '내가 당했을 때 싫은 일은 나도 하지 않는다'라는 기본적인 부분이지요.

- 회장에는 제일 먼저 도착한다는 마음으로 가자!

모임 장소에 빨리 도착하면 강사에게 자신의 열정도 전해지고, 앞쪽의 좋은 자리를 선택할 수 있습니다. 세미나나 이벤트가 시작하기 전에 강사에게 인사 한마디 정도 건넬 수도 있지요.

- 공격하는 자세를 취하지 않는다. 고분고분한 태도로 배우자!

수강 중에 '이 강사는 어떤 사람일까?'라는 식의 판단하는 태도, 강사를 무시하는 발언, 팔꿈치를 괴고 이야기를 듣거나 스마트폰을 만지작거리거나 하는 실례가 되는 행동은 절대로 하지 마세요.(세미나에 참가했을 때, 의외로 이런 사람이 많아서 깜짝 놀랐습니다. 아무도 그런 사람을 지지하지도 않고 좋게 보지도 않습니다.)

눈을 반짝거리면서 흥미진진하게, 몸이 앞으로 기울 정도로 진지하게 고개를 끄덕이며 강사의 이야기를 듣습니다. 일단 강사는 자신이 모르는 것을 알고 있고, 자신이 실현하지 못한 것을 실현한 사람이니 순순히 배웁니다.

• 질문을 하면 인상에 남는다!

질문하는 사람은 많지 않아서 질문을 하는 것만으로도 인상에 남습니다. 거기에 자기소개를 겸한 질문을 하면 강사가 더 쉽게 기억하겠지요.

실제로 저는 동경하던 혼다 켄 씨의 세미나에서 심장이 두근거리는 채로 1,000명의 대중 앞에서 자기소개를 겸한 질문을 했습니다. 그것을 계기로 그 후 다른 분들과 켄 씨의 오피스에 방문해서 점심식사를 함께하는 꿈같은 기회를 얻게 되었지요! 이것도 질문 하나가 일으킨 기적이라 할 수 있습니다.

• 마지막까지 회장에 남는다! 반드시 한마디 인사를!

참가자들끼리 교류하는 것보다는 강사와 교류해야 한다는 걸 명심하세요. 자신과 비슷한 사람들과 있으면 안심은 되지만 '지금의 나에게 마음 편한 상대'가 아니라 '지향하는 미래의 내가 함께 있게 될 상대'와 시간을 보내야 한다는 것을 늘 명심합시다.

세미나나 이벤트가 끝난 다음에도, 다른 참가자와 자신을 분명하게 차별화할 만한 포인트가 몇 가지 있습니다.

• 친목회가 있을 때는 강사의 옆이나 앞자리에 앉는다.

어쨌든 강사와 가까운 자리를 확보! 그리고 질문을 합니다. 이때 주의할 것은 질문을 던진 채로 두지 않는 점입니다.

예를 들어 '회사를 그만두고 제 사업을 하고 싶은데, 일단 무엇을 하면 좋을까요?'처럼 강사에게 통째로 맡기는 질문은 삼갑니다. 이런 질문은 **스스로 생각하는 것을 포기하고, 상대방의 대답만 얻으려고 하면서 '에너지를 빼앗는'** 것입니다.

상대방에게 핵심에 가까운 대답을 받으려면 '저는 지금 회사에서 이런 일을 하고 있고, 이런 이유로 언제 언제까지 회사를 그만두고 사업하고 싶습니다. 그러려고 이것과 이것을 시험해 봤더니 이러한 결과가 나오고 있는데요, 지금 이런 부분이 잘 안 되고 있습니다. 그것을 해결하기 위해서 □□를 하면 좋을까 생각하고 있는데 ○○씨라면 어떻게 하시겠습니까?'처럼 구체적으로 질문해야 합니다.

질문만 던진 채로 두지 말고, 많이 생각한 제대로 된 질문을 한다면 알맞은 답변이 돌아오고, 강사도 '오, 이 사람은 장래성이 있네'라고 생각해줄 겁니다.

- 그날 중에 감사의 메일을 보낸다.

이것은 필수입니다. 반드시 그날 안에 보냅시다.

- 강사의 매력을 언어화해서 SNS에 투고한다.

저는 당시, 강사에게 스포트라이트를 맞춰서 '어떻게 매력적이었는지' '그날 배운 것 중에 무엇이 가장 인상 깊었는지'에 대한 생각을 담아 제 언어로 쓰고, 강사를 태그해서 SNS에 올렸습니다. 이걸 보고 본인들도 굉장히 기뻐해 주셨습니다. 자신이나 자신의 서비스에 대해 칭찬받고 기분 나빠하는 사람은 없습니다.

그리고 SNS에 글을 올리면 강사 본인 이외의 다른 사람들에게도 노출이 됩니다. 대부분 자기를 어필하는 글이 많은 SNS에서 '자신의 주장이 아닌 강사가 했던 말에 스포트라이트를 맞춰서 매력적으로 표현해 주는 사람'이 있으면 보는 사람들도 그 사람에게 흥미를 갖게 되고 호감도 생깁니다.

당시의 저는 비즈니스도 시작하기 전이었고, 저만의 상품도 없었지만 **'존경하는 분을 매우 매력적으로 소개하는' 일을 계속했습니다. 그걸 본 당사자들이 기뻐해 주면서 동시에 저의 인지도도 높일 수 있었습니다.**

• 정기적으로 보고와 감사를 한다.

'전날의 세미나에서 가르쳐 주신 △△를 시험해 보았습니다. 이런 결과가 나왔습니다. ○○ 선생님의 덕분입니다! 감사합니다'라고, 강사에게 저의 진척상황이나 성과를 정기적으로 보고하고, 감사를 전하는 메일을 보냈습니다. 그렇게 함으로써 세미나에 한 번 출석했을 뿐인 참가자가 아니라 강사가 가끔 떠올려주는 사람이 될 수 있습니다.

킵 인 터치(서로 연락하는 것)을 계속함으로써 강사의 '뇌내 점유'를 차지할 수 있게 되고, 무슨 일이 있을 때 제게 말을 걸어주는 기회도 늘어납니다. 강사나 주최자들과 사적으로도 만날 수 있게 되어서 인간관계가 점점 넓어졌습니다.

상대방의 입장을 상상하는 커뮤니케이션과 예의 바르고 순한 태도를 취함으로써 그들의 '응원해 주고 싶은' 마음을 제 편으로 만들 수 있습니다. 풍요롭고 성공한 사람들은 다들 주변사람에게도 많은 기회를 주고 싶다, 키워주고 싶다, 라고 생각하거든요.

'지금의 저에게 아직 아무것도 없기 때문에……'라고 너무 겸허하게 생각하지 말고, '지금의 나라도, 상대방에게 좋은 인상을 줄 수 있어!' '상대방의 힘이 될 수 있어!'라고 상상력을 넓혀서 상대방을 행복하게 만드는 행동을 취해 봅시다.

커뮤니케이션 능력을 단련하는 것, 많은 사람들에게 응원받는 환경을 만드는 것, 이것들은 비즈니스에만 한정되지 않고 당신의 인생 그 자체를 풍요롭게 만들어 갈 겁니다.

▶상대방이 나를 좋아하게끔 좋은 인간관계를 만든다.

당신의 주변에 있는 사람을 누군가에게 매력적으로 소개하려면 어떤 점을 어떻게 전달하면 좋을까요? 세 명을 선택해서 적어봅시다. 다른 사람의 좋은 점을 발견해서 언어화하는 습관은 당신의 인생 자체도 행복하게 만들어 줄 겁니다.

상대방의 '뇌내 점유'를
차지하는 사람은 성공한다

사업을 시작하고 세미나와 아카데미의 강사로서 많은 수강생을 보면서 저는 '뇌내 점유'를 확신하게 되었습니다.

다른 사람의 응원을 자기 쪽으로 끌어들이는 수강생들은 공통적으로 강사의 뇌내 점유를 차지하는데 뛰어납니다!

앞에서도 이야기했지만 주변에서 **예의 바르고 순순히 배우고 누구보다 적극적으로 행동하고 결과를 보고하고 감사 인사를 말할 수 있는 사람**을 보면 진심으로 응원하고 싶어지지요. 게다가 그녀들은 이메일 등을 통해 정기적으로 연락을 해 오기 때문에 수많은 수강생 중에서도 강사의 기억에 남기 쉽습니다.

즉 **상대방의 입장을 상상하면서 행동할 수 있는 사람은 상대방의**

뇌내 점유를 차지해서 응원을 자기 쪽으로 끌어들이는 것을 잘한다
는 것입니다.

강사에게 배울 때뿐만이 아니라 비즈니스를 할 경우에도, 연애를
할 경우에도 마찬가지입니다. 인간관계 안에서는 다 똑같으니까요.

상대방의 '뇌내 점유'를 차지하는 걸 잘하는 사람은 성공하기 쉽습
니다.

▶ 모두들 당신을 응원하고 싶어 한다.

성공한 사람과 이야기할 때 주목해야 할 점은?

저는 세미나와 이벤트 등에 참가하면서 존경하는 선배들이나 멘토와 사적으로 시간을 함께 보내는 기회를 늘려갔습니다.

또 그렇게 그들을 근처에서 관찰하거나 이야기를 듣다 보니 '내가 동경하는 업무 방식과 라이프스타일을 실현하고 있는 사람들도 다들 처음에는 초심자였구나!' '다들 시행착오를 거듭하면서 행동을 멈추지 않고 계속 실천해서 이상적인 인생을 실현할 수 있었던 거네!'라는 점을 납득하게 되었지요.

성공한 사람들을 보면 아무래도 그들의 빛나는 '실적'이나 이루어낸 '결과'에 눈길을 빼앗기게 됩니다. 하지만 정말로 그들에게서 힌트를 얻고 싶다면 주목해야 할 것은 '결과'가 아닙니다. **그 힌트는 그들이 성공을 실현하기까지의 '과정' 속에 가득 차 있습니다.**

저도 그들이 사업을 시작한 시기의 이야기를 들으면 들을수록, 큰 용기를 얻을 수 있었습니다. '실적'이나 '결과'만을 보고 우울해하거나 비교하거나 하지 말고, '어떤 작은 스텝이 지금의 그들을 만들었을까' '지금의 내가 받아들일 수 있는 요소는 무엇일까'라고 그 '과정'에 주목해 봅시다.

▶성공한 사람의 힌트는 실적이 아닌 과정 속에 있다.

커뮤니케이션을 행복하게 바꾸는
세 가지 힘

풍요로운 인간관계를 계속 이루어 가려면 다음의 〈세 가지의 힘〉이 필요합니다.

(1) 윗사람(선배 등)이 나를 끌어올리고 응원하고 귀여워하게 만드는 힘

(2) 옆 사람(동기나 비슷한 입장의 동료)끼리 절차탁마(서로 돕고 격려하여 향상되기)해서 서로 자극을 주고, 서로 성장하고, 서로 돕는 힘

(3) 아랫사람(후배, 연령이나 경험이 적은 사람)을 응원하고 그들에게 기회를 주고, 그들의 스테이지를 끌어올리는 힘

여기에서 중요한 것은 이 〈세 가지의 힘〉으로 '윗사람과 옆 사

람과 아랫사람 모든 영역'에 에너지를 순환시키는 '전 방위 순환'입니다.

선배에게 귀여움을 받고, 자신만 편하게 누리는 것에 집착해서 자신이 있는 곳에서 흐름을 막아버리는 사람이 있습니다. 그러다 보면 에너지가 일방통행이 되어서 커다란 순환은 일어나지 않습니다. 흐름을 막지 말고 더 크게, 다이내믹하게 회전시키면서 퍼뜨리는 겁니다.

예를 들어 존경하는 선배가 나에게 도움이 되는 정보를 가르쳐 주셨거나 나를 응원해 주셨거나 하면 그것을 내가 있는 선에서 막아버리지 말고, 동료나 후배에게도 조금씩 공유해 가는 것이지요.

배운 것을 동료에게도 가르쳐주고 새로운 경험을 할 수 있을 것 같은 장소에는 후배도 데리고 가서 다른 사람을 소개해 주는 자리를 만드는…… 이런 행동 등을 통해 **사람과의 인연도, 제공하는 에너지도 점점 넓어지면서 '행복의 연쇄'가 계속되는 것이지요.**

즉 자신뿐만이 아니라 자신과 관계있는 사람도 행복해지는 선택을 하다 보면 당신의 주변에는 행복한 사람들만 있게 되고, 당신에게도 덕이 점점 쌓여서 계속 좋은 일이 일어나게 된다—좋은 에너지를 크게 순환시킨다는 것이 바로 이런 것입니다.

물론 인간관계는 가끔 괴로움의 씨앗도 될 수 있지만 인생의 행복을 보다 크게 만드는 가장 중요한 요소라고 생각합니다.

꼭 '전 방위 순환'을 기억해 주세요.

▶인간관계는 모든 영역에 에너지를 두를 수 있다.

그 사람은 당신에게
정말 필요한 사람?

당신이 뭔가 도전을 하거나 새로운 세상을 향해 나아가려고 할 때, 지금까지 유지하던 인간관계는 반드시 크게 변화합니다.

이번에는 그 사람이 '지금 당신에게 필요한 사람인지 어떤지'를 판별할 수 있는 간단한 방법을 소개해 드릴게요.

그것은 **사람과 헤어진 후에 '당신이 느끼는 여운'을 주의 깊게 관찰해 보는 것입니다.** 만나고 있는 동안에는 즐겁게 이야기를 하고 기분이 좋아진다 해도, 헤어진 후에

- 왠지 갑자기 피곤해진다.
- 에너지를 뺏긴 기분이 든다.
- 그 사람의 말이 위화감으로 계속 남아서 마음이 어수선하다.

이런 기분을 느낀다면 그 사람과는 다시 만나지 않기를 추천합니다.

지금의 당신에게 정말로 필요하고 좋은 영향을 주는 사람은 헤어진 후에 다음과 같은 행복한 기분을 느끼게 해줍니다.

- **마음이 따뜻해진다.**
- **그 사람의 말이 힘이 되어, 당신의 등을 밀어준다.**
- **상냥한 사랑으로 가득 찬 기분이 든다.**

'여운'이 전혀 다르지요.

누군가와 만난 후에 당신이 어떤 상태가 되는지 그 **'여운'에 주목**해 보세요. 그 사람이 지금 당신의 인생에 정말로 있어야 할 사람인지 어떤지는 그것으로 알 수 있습니다.

▶마음의 '여운'에 민감해진다.

사람을 만날 때는
명확한 목적을 가지고 만나러 간다

저는 다른 사람과 만날 때는 항상 목적을 가지고 만나려 하고 있습니다. 서로 삶의 조각인 시간을 한 시간, 두 시간 사용해서 만나는 것이므로 모처럼 만나는 그때를 최대한으로 유의미한 것으로 만들고 싶으니까요.

선배 경영자가 저에게 시간을 내줄 때는 물론이고 업무 동료나 친구와 만날 때도 **그 사람에게 도움이 될 만한 정보나 제가 오늘 듣고 싶은 이야기 등을 스마트폰에 메모한 다음에 만나려 하지요.**

만나기 전부터 그 시간을 상상하며 '이 이야기 꼭 하고 싶다!'라고 생각하면서 메모하므로 두근거리는 기분이 더 커집니다.

저는 일상의 이야기 속에서도 상대방과 제가 무엇에 흥미를 가지고 있는지, 어떤 것을 생각하고 있는지 관심을 가지며 두근두근,

콩닥콩닥거리는 대화를 하고 싶습니다. 그리고 저와 만난 다음에 상대방도 '오늘, 당신과 만나서 좋았어요!' '좋은 이야기를 들을 수 있었네요!' '좋은 에너지를 받았어요!'라는 기분이 든다면 정말 기쁘겠지요.

또 스스로 일을 하게 된 다음부터는 대부분 밝은 시간을 사용해서 사람들을 만나려고 합니다. 이렇다 할 것도 없이 질질 시간이 늘어나기 쉬운 밤에 만나는 것보다는 **조식 두 시간, 점심 시간 두 시간, 티타임 세 시간이라고 정하는 편이 서로 시간에 대한 긴장감도 생기고, 대화의 내용도 깊어지지요.**

'조금 더 이야기하고 싶어.'라는 생각이 드는 부분에서 일단락 짓는 편이 좋은 관계를 오래 유지하게 해줍니다.

▶좋은 긴장감은 좋은 관계를 길게 지속시킨다.

감정적인 문제를 일으키지 않는
네 가지 스텝

회사에 있든 가정에 있든 저 혼자 일을 하고 있든 간에 우리는 매일 다양한 상황을 마주합니다. 여성에게 있어서 **'자신의 감정을 다루는 법'**은 매우 큰 과제입니다.

'나도 모르게 감정적이 되어서 그렇게 말해 버렸어. 진심은 아니었어.'

그렇다고 해도 이미 한 번 입에서 나간 말은 취소할 수 없습니다. 말 한마디로 인간관계에 금이 가버리는 경우도 충분히 있을 수 있지요. **누군가의 신뢰를 얻으려면 많은 시간이 걸리지만 그것이 깨지는 것은 한순간이기도 합니다.**

저도 과거의 감정에 휘둘려서 몇 번이나 저 자신에게 실망한 적이 있었습니다. 감정을 표출하는 방식 때문에 자멸하는 일이 없도록 합시다. 쓸데없는 트러블을 일으켜서 그 불을 끄기 위해 에너지를 쓰거나 침울해하지 말고, 미연에 막을 수 있는 일은 막는 게 좋겠지요.

〈감정적인 트러블을 일으키지 않는 네 가지 스텝〉
(1) 자리에서 바로 반응하지 말고, 집에 가지고 돌아와서 잠재운다.

이쪽도 감정적이 되어 그 자리에서 서로 이야기한들 아무것도 해결되지 않습니다. '감정적일 때는 그 자리에서 의사결정을 하지 말아야지'라고 스스로를 타이릅니다.

화가 나 있을 때, 피곤할 때, 신체적·정신적으로 에너지가 떨어져 있을 때의 저는 진정한 제가 아니라고 생각합니다. 그 자리에서는 반응하지 말고 가능하면 빨리 그곳을 떠나서 일단 하루 정도 시간을 둡니다. 한 번 자고 나면 다음 날 아침에는 감정은 진정되므로 보다 객관적이고 냉정하게 그 사건을 바라볼 수 있습니다. 어쨌든 자리에서 즉시 반응해 버리면 좋은 결과가 나오지 않습니다.

(2) 상대방의 합리성을 추측한다.

상대방이 한 말이 나에게는 불합리하더라도 상대방이 생각할 때는 합리적일 수도 있고, 그 말을 한 이유가 반드시 있습니다. '심한 말을 들었어!' '상처받았어!'라고 자신 위주의 감정으로 판단하지 말고, 한 번 시점을 바꿔 그 사람의 입장에서 이해하려고 시도해 봅니다.

(3) 자신의 입장은 명확히 전달하고, 그 후에는 상대방의 의사도 존중한다.

상대방에게 자신의 입장이나 느낀 점, 의견은 명확하게 전달하지만 그 후에 상대방이 어떻게 행동하는지는 상대방에게 맡깁니다. 내가 상대방의 자유의사를 지켜주면 상대방도 내 쪽의 자유를 인정할 가능성이 높아지기 때문입니다.

(4) 자신이 가장 존경하는 사람의 얼굴을 떠올린다.

사실 이것이 가장 효과 있는 방법인데요, '내가 존경하는 사람이라면 이 자리에서 어떻게 행동할까?'라고 상상하고 자신의 행동을 결정하는 겁니다. 그러기 위해서는 가까이에 구체적으로 떠올릴 수 있는 '존경하는 사람'이나 '멘토'가 있어야 합니다. 그런 존재가 있는 것만으로도 당신 마음의 버팀목이 되어주겠지요.

이 〈네 가지의 스텝〉을 밟다 보면 감정적인 트러블을 최소한으로 억누를 수 있고, 자신 안의 싫은 생각이 정화될 겁니다.

지금까지 당신 곁에 있던 사람일수록, 당신이 '변화'해 갈 때 옆에서 뭔가를 말해주고 싶어 할 겁니다. 다른 사람에게 무슨 말을 들어도, 전혀 신경 쓰지 않는 강인한 마음을 가지기란 좀처럼 어려운 일입니다. 하지만 **다른 이에게 무슨 말을 들었을 경우 내 나름의 대처법'을 정해두면** 냉정하게 대응할 수 있게 됩니다.

▶감정적인 트러블로 자멸하지 않는다.

사랑과 응원의 마음으로
상대방을 감싼다

사람과 만나는 기회가 늘어나면 인간관계에 대해 생각할 일이 많아집니다. 정말로 신뢰할 수 있는 인간관계는 자신과 상대방이 어떤 상황에 있든지, 아무리 상황이 잘 풀리지 않을 때라도 변하지 않습니다.

저는 클라이언트나 친구, 존경하는 선배들을 만난 후, 항상 그녀들의 뒷모습에 '기도하는 마음'을 두려고 하고 있습니다. **'이 사람이 매일 행복할 수 있도록'** 그 사람의 머리에 사랑과 응원의 마음을 살포시 두고 베일로 감싸는 이미지입니다.

이 기도하는 마음은 상대방을 직접 만나지 않더라도, 상상 속에서 보낼 수 있습니다. 그리고 상대방은 누군가가 자신을 응원해 주는 걸 느끼면서 그 마음을 따뜻하게 계속 받아들일 수 있겠지요.

당신의 가족이나 파트너같이 소중한 사람들은 당신에게 항상 기도의 마음을 보내주고 있습니다. 물리적으로 떨어져 있어서 좀처럼 만날 수 없다고 해도, 소중한 사람의 기도의 마음이 항상 자신을 오라처럼 지켜주는 거지요…….

그 점을 깨닫는 것만으로도, 우리는 강하게 마음먹을 수 있습니다.

소중한 사람들의 사랑과 마음이 우리를 지켜주고 있는 겁니다.

▶소중한 사람들과의 연결됨을 느끼면 강해질 수 있다.

충전할 수 있는
집을 가진다

바깥에서 다양한 일과 만나는 우리에게 돌아갈 집이 있다는 건 정말 중요합니다. 집이란, 사람에 따라 누군가에게는 가족이기도 하고, 자신이 자란 본가나 고향인 경우도 있을 겁니다. 업무와는 일절 관계없는 사람들과의 커뮤니티를 집이라 느끼는 경우도 있을지도 모르지요. 변함없이 자신을 맞아주는 소중한 사람이나 장소, 저에게 있어서 집이란 자택과 남편입니다. 정신적인 안전과 충전이 약속된 장소지요.

과거에는 '여성이 일을 해서 경제적으로 자립하는 것'과 '온화한 가정생활을 보내는 것'은 트레이드오프의 관계였고, 한쪽을 얻으면 한쪽을 잃기 쉽다……라는 패러다임이었던 것 같습니다.

하지만 요즘 **'경제적인 성공'과 '온화한 가정생활'은 시너지**(상승효

과)관계에서 양쪽이 다 잘 풀리는 게 당연하다고 생각하는 패러다임을 채용하는 사람이 많아지고 있지 않나요? 한쪽을 얻으면 한쪽을 단념해야 한다는 개념이 아닙니다.

실제로 제 주변의 선배들을 봐도, 자녀가 있든 부부 두 명만 있든 간에 일과 가정 양쪽 다 잘 풀리는 여성들이 정말 많이 있습니다.

'양쪽 다 잘 된다'—굳이 선택해야 한다면 이 패러다임을 채용하지 않겠습니까?

▶양쪽 다 잘 되는 게 당연하다.

결혼생활은
'회사 운영'과 마찬가지

이쯤에서 제 파트너인 남편 이야기를 조금만 써 볼게요. 저는 회사원 시절에 남편을 만났습니다. 남편도 30세에 사업을 시작해서 현재 프리랜서로 일하고 있지요.

저희는 공통의 친구들도 많아요. 실은 이전에도 그는 저를 몇 번본 적이 있다고 하는데, 저는 그 사람의 존재를 전혀 깨닫지 못하고있었어요. 그 무렵의 저는 '결혼하는 것'에만 집착하느라 남성을 조건만으로 살펴보고 있었기 때문이지요(웃음).

하지만 **제가 '나의 인생'을 살기로 결심하고 생활하기 시작했더니, 그가 제대로 시야에 들어오더라고요.** 그렇게 저희는 교제를 시작하고 반 년 후에 결혼을 결정했습니다.

남편과는 오늘 있던 일, 업무 일 그리고 잘 되는 일, 잘 안 되는 일

등 뭐든지 이야기합니다. 두 사람 다 여행이 가장 큰 취미여서 지금은 매달 국내외를 같이 여행하고 있습니다. 예전에 제가 노트에 써둔 미래—'평일에 여행을 갈 수 있는 삶'을 남편과 함께 실현할 수 있게 되었습니다.

또 꾸준히 운동을 하는 건강지향적인 남편과 생활하다 보니 저도 매일 아침 그와 함께 워킹을 하고, 주 2회 피트니스 센터에 다니게 되었지요. 그가 참가하는 하와이의 철인 3종 경기를 응원하러 가기도 했습니다.

제가 혼자였다면 하지 않았을 것 같은 일에도 도전할 수 있게 되고, 인생의 폭도 넓어져서 행복을 느끼는 기회가 매일 늘어나고 있습니다.

또한 저희는 서로 각자의 시간을 구속하지 않습니다. 그는 저의 일을 응원해 주고, 저도 그가 추구하며 하고 싶어 하는 일을 응원합니다.

일과 마찬가지로 결혼에 관해서도 매일 업데이트중입니다만 서로를 존경하면서 한마음을 갖고 시간을 보낼 수 있다면 좋겠다고 생각합니다.

▶가족끼리 지향하는 미래를 공유한다.

돈 없음. 꿈 없음. 남친 없음

좋은 인간관계는
자신의 행복을
기른다.

여섯 번째,

열정적으로
지금 당장 시작하자!

매일 열심히 몰두할 수 있는 일에
집중한다

조회나 이벤트 기획, 물건 판매, 어필리에이트, 에어비앤비 등의 컨설팅으로 약 1년에 걸쳐 '회사 이외의 수입'을 만드는 실천을 거듭하던 저는 드디어 회사를 그만두는 날을 정했습니다. 그리고 자격증을 취득한 '코칭'으로 사업을 시작하기로 했습니다.

코칭이란 대화나 질문을 통해 클라이언트의 고민을 해결하거나 목표달성을 서포트하거나 하는 것이지요. 저는 사람을 만나는 일, 이야기를 듣는 일 그리고 다른 사람을 응원하는 일을 매우 좋아했기에, '처음에는 큰돈이 되지 않는다고 해도 코칭을 직업으로 삼으면 분명 매일 열심히 반복할 수 있을 거야!'라는 확신을 가졌습니다.

30세를 넘어 회사를 그만둔다는 도전을 한 겁니다. '그렇게 두근두근거리지는 않지만 돈은 될 것 같은 일'(저에게는 물건 판매나 어필리에이트가 이랬습니다)이 아니라 **'어쨌든 내가 좋아해서 몰두할 수 있는 일'을 선택하기로 했습니다.** 자신이 열정을 가지고 몰두할 수 있는 일을 전력으로 계속한다면 반드시 돈은 따라올 거라고 확신하고 있었기 때문입니다.

지금도 잊히지 않는 첫 번째 코칭 세션은 긴장의 연속이었습니다. 최초의 클라이언트는 페이스북을 통해 코칭을 신청해 주신 분이었지요. 호텔의 커피숍에서 처음 보는 클라이언트와 마주하고 코칭 세션을 진행했습니다.

클라이언트의 말 하나하나에 모든 신경을 기울이면서 여러 질문과 그 답변에 대한 피드백을 진행하는 동안에, 상대방의 표정은 점점 변해갔습니다. 그분은 때때로 눈물을 글썽거리기도 했지만 마지막에는 환하게 웃는 얼굴이 되었습니다!

그것을 보고, 저도 '눈앞의 사람이 이런 식으로 기뻐해 주다니, 정말 행복한 일이구나!'라는 생각에 감동해서 가슴이 벅차올랐습니다.

'지루해'라고 생각하면서 마지못해 몰두하는 일과 '내가 눈앞의 사람에게 도움이 되고 있어!' '클라이언트가 기뻐해줘서 코칭을 하고 있는 나도 행복해!'라고 느낄 수 있는 일. 이 두 경우는 내 안에 끓어오르는 에너지도, 체감하는 시간의 질도 전혀 다릅니다.

좋아하는 일을 직업으로 삼으면 이렇게 보람이 있는 날들이 계

속되는구나!

이 얼마나 행복한 일인가!

저의 코치 데뷔였던 이 세션은 반성할 부분도 매우 많았고, 수입 면에서도 교통비와 찻값을 빼면 두 시간 업무의 이익은 불과 천 엔 정도였습니다.

그래도 눈앞의 클라이언트가 '이 세션 덕에 찝찝한 고민이 말끔히 정리됐어요! 다음 스텝도 명확해졌습니다. 다음번도 꼭 또 부탁드려요'라고 좋아해 주신 것이 정말 기뻤습니다.

모든 도전에는 최초의 한 발자국이 필요합니다.

그것이 없다면 우리는 앞으로 나아갈 수 없습니다. 무슨 일이든 마찬가지겠지만 '지식'을 배웠어도, 실천을 쌓지 않으면 알 수 없는 일은 많겠지요.

머릿속으로 계속 상상하느라 첫 번째 발자국이 무거워지기 전에, 일단은 발을 앞으로 척 내밀어 봅시다. 최초의 스타트만 끊는다면 그 다음 두 번째 발은 자연스럽게 앞으로 나갈 겁니다.

▶ 24시간 할 수 있을 정도로 좋아하는 일은 직업이 된다.

처음에는 커다란 비전 따위
없어도 괜찮다

사업의 첫 발걸음을 시작했다면 처음에는 앞으로 있을 일들 걱정에 정신을 빼앗기지 말고, 일단 **눈앞의 고객에게 집중하는 겁니다.**

'이 사람을 위해서 내가 할 수 있는 일은 무엇일까?'

이런 생각을 갖고 눈앞의 한 사람, 한 사람을 확실히 마주하고 필요한 것을 하나하나 제공해 가는 겁니다. 가령 단 한명의 클라이언트로 시작한다 해도, 그 **상대방에게 신뢰를 얻으면 확실히 자신감이 붙게 됩니다.**

그리고 수는 적더라도 클라이언트의 확실한 신뢰를 얻고 있는 당신의 모습을 타인이 보게 되면 그 모습이 안도감으로 이어지게 됩니다. 신뢰가 조금씩 쌓이면서 다음 고객에서 그다음 고객으로 계속 이어지게 되는 겁니다.

당신이 본래의 역할과 다른 일을 무리하게 하고 있을 때는—마치 내려가는 에스컬레이터 하행선을 필사적으로 오르는 것 같은 느낌이 듭니다. 에너지는 점점 소모되어가고, 하루를 끝내면 끔찍한 피로 때문에 녹초가 되는 거지요. 다음 날을 파워풀하게 맞이할 기력도 없어집니다. 거기에 긴장을 늦추면 에스컬레이터에 탄 채로 내려가 버릴 것 같은 불안감까지 생길지도 모릅니다.

그러나 당신이 본래의 역할을 살리게 되면 사람들의 기운이나 만남 등을 통한 다양한 응원에 힘입어서 에너지가 가득 찬 채로 마치 고속회전 풀장의 물 흐름에 휙휙 떠내려가는 듯한 나날이 계속될 겁니다.

세상에는 당신밖에 할 수 없는 일이 반드시 있습니다.

세상은 당신이 자신의 재능을 깨닫고 꽃피우는 것을 기다리고 있습니다. 처음에는 자신만을 생각하는 목표라도 좋습니다. 커다란 비전이나 대단한 사명 같은 건 없어도 상관없습니다.

'좀 더 가족과의 시간을 늘리고 싶어!'

'평일에 여행을 가고 싶어!'

'가슴이 두근거리는 일을 하고 싶어!'

그런 욕구에서 시작된 것이라도 좋습니다. 그렇게 시작해 가면서 자신의 '책임' 같은 것을 조금씩 깨달으면 점점 더 커지는 응원에 힘입어서 더욱 빠르게 전진할 수 있습니다.

저도 처음에는 그저 **'회사를 계속 다니는 인생으로 끝나고 싶지 않아! 자신의 일로 먹고 살 수 있게 되고 싶어' '한번뿐인 인생을 좀 더 즐겁게 살고 싶어!'**라는 생각만으로 행동했습니다.

처음에는 그 정도로도 괜찮습니다. 왜냐하면 당신이 스스로를 만족시키지 않는 한, 다른 누군가에게 에너지를 보내거나 세상을 1㎜라도 움직이거나 하는 것은 불가능하기 때문입니다.

▶욕구에서 시작해도 비전을 발견하게 된다.

시작할 때는 어쨌든
하나를 집중 돌파!

저는 '코칭으로 사업을 하겠다'라고 정한 그날, 그때까지 계속 해온 물건 판매와 어필리에이트, 에어비앤비와 그 컨설팅 등을 일단 전부 그만두었습니다.

'어쨌든 자나 깨나 24시간 클라이언트에게 '미래시프트 코칭'을 해주는 일만 하자!'라고 정했기 때문입니다.

〈에센셜 사고〉[6]를 쓴, 미국 실리콘밸리의 컨설팅 회사의 CEO인 그렉 맥커운Greg Mckeown도 저서에서 말하고 있듯이, 여러 가지 일을 동시에 실행하는 멀티태스크는 에너지를 분산시키므로 매우 효율이 나쁩니다. 멀티태스크를 계속하면 모든 분야에서 결과가 나

---

6 국내에는 〈에센셜리즘-본질에 집중하는 힘〉이라는 제목으로 번역되어 있다.

오는 게 늦어지고 결국 모든 게 중간에 흐지부지됩니다.

커다란 변화를 시도하고자 할 때, 불안해서 '이것도' 하고 '저것도' 하며 여러 가지에 손을 뻗고 싶어지는 기분도 이해합니다. 하지만 의식과 행동 에너지를 분산한다면 정말로 뚫고 나가고 싶은 부분에서 뚫고 나가는 것이 불가능하겠지요.

일단은 할 일을 보다 적게 만들고 그만두고 버립니다. 자나 깨나 24시간, 그 일만을 생각하고 있을 정도의 **'일점돌파'로 의식과 행동 에너지를 집중시키면 결과가 나오기까지의 속도도 압도적으로 빨라집니다.**

그리고 처음부터 질과 완성도의 높음을 추구하면 첫 번째 발자국이 점점 무거워지고 움직일 수 없게 되어 버립니다. 처음은 철저하게 양을 잘 다뤄봅시다. 그렇게 하는 동안에 질도 점점 향상해 가는 겁니다.

이것을 '양질 전화의 법칙'7이라고 부릅니다. 양을 다루는 동안에 질이 올라가면 점점 더 많은 양을 다룰 수 있게 됩니다.

'좀 더 제대로 할 수 있게 된 다음에'라고 생각하고 있으면 아무리 시간이 지나도 스타트를 끊을 수 없습니다. 사람은 늘 계속 변화하

---

7 양적 팽창이 있어야 질적 도약도 일어난다는 법칙.

므로 그때그때 '최선'을 다하면서 성장해 가는 수밖에 없습니다.

특히 처음에는 압도적으로 행동하면서 현실을 움직여가다 보면 다음 문도 열릴 겁니다.

당신에게는 그 힘이 반드시 있습니다! 변화를 두려워하지 말고 나아갑시다.

▶멀티태스크보다 에너지의 집중

상대방은 무엇을
기대하고 있을까?

<><><><><><><><><><><>

우리들이 지향하는 비즈니스의 기본은 **'고객의 과제를 해결하는 것' '고객의 상태가 더 좋아지도록 만들고, 보다 좋은 미래로 향하도록 도움을 주는 것'입니다.**

저는 사업 초기에는 '미래시프트 코칭'이라는 서비스명으로 코칭을 제공했습니다. 하지만 당시에는 '코칭'이라는 직업이 지금만큼 일반적이지 않기에, '코칭 세션을 체험해 보지 않으실래요?'라고 여러 번 말해도 코칭 자체를 모르는 분들은 '그게 뭐죠?' 하며 머리 위에 '?' 마크를 떠올리는 듯했지요.

그 반응을 보고 저는 '코칭이 뭔지를 설명할 게 아니라 이 서비스가 당신의 문제를 어떻게 해결할지, 당신을 어떻게 행복하게 만들지'라는 점을 전할 필요가 있다고 깨달았습니다.

그래서 저는 체험 세션 모집의 문장을 이렇게 바꿨습니다.

'당신 머릿속의 찝찝함을 테이블 위에 펼쳐놓고, 대화와 질문을 통해 함께 교통 정리해 봅시다. 세션이 끝나면 찝찝함의 원인과 그것을 없앨 구체적인 행동을 알게 되어 머릿속이 개운해질 겁니다. 당신의 고민을 정리하고, 미래를 바꿀 '미래시프트 코칭' 체험 세션 모집 중'

자신의 사업을 넓혀가기 위해서는 '집객'의 노하우, 홈페이지 만드는 법, SEO(서치 엔진의 최적화)를 의식해서 블로그 기사 쓰는 법, 광고 사용법……과 같은 **'수법'에만 사로잡히지 않는 게 중요하고 '전문적인 언어'를 지나치게 많이 사용하지 않아야 합니다.**

일단은 **당신이 제공하는 서비스의 뛰어난 점이 눈앞의 사람에게 전해지도록 언어화하는 것**이 중요합니다.

아무것도 어렵게 생각할 필요는 없습니다.

'눈앞의 사람은 어떻게 변하고 싶은 걸까?'를 항상 살펴보는 관찰력을 중요하게 여기는 게 좋습니다.

모든 사람이 관찰의 대상이 됩니다. 노하우에 사로잡히지 말고 '눈앞의 사람을 똑바로 보는 일'이야말로 비즈니스를 키웁니다.

커다란 꿈의,
작은 사이즈 버전을 바로 실행한다

제가 회사원 시절에 〈유태인 대부호의 가르침〉의 저자로 유명한 베스트셀러 작가인 혼다 켄 씨의 강연을 들으러 갔을 때의 일입니다.

저는 1,000명 좌석이 꽉 찬 회장의 뒤쪽에서 스테이지에 서 있는 혼다 켄 씨의 강연을 듣고 있었습니다. 회장에 모인 모두가 마이크 하나를 잡고 조명을 받으며 스테이지의 한 가운데 서 있던 켄 씨의 이야기에 푹 빠져서 열심히 듣고 있었습니다. 때로는 웃음소리가 나오기도 하고, 우느라 콧물을 훌쩍거리는 소리가 들리기도 하면서 그야말로 회장 전체가 하나가 되었지요!

강연은 눈 깜짝할 새에 끝났습니다. 저는 회장을 뒤로 하고도, 가슴이 계속 두근두근거리면서 몸 안쪽에서 에너지가 점점 끓어오르는 것을 느꼈습니다. 그날의 켄 씨의 이야기와 회장의 분위기가 머리에서 떠나지 않았고, '나도 언젠가 켄 씨처럼 많은 사람들의 마음과 인생을 움직이는 강연을 하는 사람이 되고 싶어!'라고 생각했습니다.

당시의 저의 멘토에게 "'언젠가' 저도 켄 씨처럼 많은 사람들 앞에서 강연을 하고 싶어요!"라고 이야기했더니 그녀는 "그럼 **그 꿈의 작은 사이즈 버전을, 바로 실행해 보면 좋겠네요**"라며 웃는 얼굴로 조언해 주었습니다.

'언젠가 1,000명의 고객 마음을 움직이는 강연을 하고 싶어'라는 꿈이 있다면 일단은 그 꿈의 작은 사이즈 버전—가령 100명, 10명, 5명, 2명 그리고 1명의 마음을 움직이는 자리를 만드는 것—을 해 보라는 말이었지요.

'커다란 꿈의, 작은 사이즈 버전을 바로 해 본다'라는 사고방식에 저는 충격을 받았습니다.

1000명 앞에서 강연을 하기 위해 '티브이에 출연하거나, 책을 출판할 수 있을 정도로 유명해져야지!' 이렇게 생각하면 상당히 먼 훗날의 이야기 같고, 꿈을 실현시키기까지의 과정을 현실감 있게 상상하기가 매우 어렵겠지요. 그렇다면 일단은 현실적으로 상상할 수 있는 5명 앞에서 이야기를 해 보는 겁니다. 듣는 사람 수가 적더라도, 눈앞에 있는 사람의 마음에 자신의 생각이 분명히 닿을 수 있도록 이야기를 한다면 그 후에 있을 100명, 300명, 1000명을 눈앞에 둔 강연에서도 반드시 하고 싶은 말이 전달될 겁니다.

그 조언을 들은 순간, 제 시야가 열리는 기분이 들었습니다.

예를 들어 '언젠가 꼭 해외에 살고 싶어'라는 꿈이 있다고 합시다. 대부분의 사람들은 그러면 '해외에서 일을 할 수 있도록, 지금은 자격증 취득을 위한 공부를 합니다. 자격증을 딴 다음에는 ○○만 엔을 저금하는 것이 목표입니다.'라고 말하며 노력합니다.

이것은 얼핏 보면 꿈과 이어지는 듯이 보여도 실은 그렇지 않다는 말입니다.

'언젠가 해외에 살고 싶어'라는 **커다란 꿈이 있다면 그 꿈의 작은 사이즈 버전을 실현해 봅시다.** 즉 장래에 살고 싶은 도시를 찾기 위해 정기적으로 해외에 나가 시찰하고 체감하는 것이, 자격증을 취득하고 돈을 모으는 것보다도 훨씬 빠르게 본래의 목표에 접근할 수 있습니다.

실제로 저는 그 후에 바로 '혼다 씨의 강연에서 배운 점과 느낀 점을 공유하는 모임'을 기획해서 5명의 친구들에게 '전달하고' 가르치는' 자리를 만들었습니다. 강연에 대한 저의 꿈은 이렇게 작은 사이즈부터 시작했습니다. 그 후 대상이 10명이 되고, 30명이 되고, 사업을 시작한 후 2년째에는 대상이 530명인 세미나를 주최해서 무대 위에서 이야기하는 꿈을 실현했습니다.

아직 1,000명 앞에서 이야기한 적은 없지만 이 길의 끝에는 분명 그런 미래도 기다리고 있을 것 같습니다.

자, 당신도 커다란 꿈의 작은 버전부터 지금 당장 시작해 봅시다!

▶'언젠가'가 아니라, 지금 당장 해 본다.

몰두할 수 있는
일을 하나만,
작은 것부터.

일곱 번째,

상상 이상의 미래로
바꾸어 가자!

'나는 이런 타입'이라는 것에 너무 집착하지 않는다

인생을 몇 번이고 업데이트할 수 있는 사람은 다들 매우 순하고 유연합니다.

우리는 누구라도 집착—확신, 선입관, 편견 등—지금까지 자신의 행동의 족쇄가 됐던 사고방식과 습관과 인간관계를 갖고 있습니다.

하지만 '나는 원래 이런 성격이니까' '이런 게 나니까' '반드시 이렇게 해야!'라는 것에 지나치게 집착하면 새로운 가치관이나 마인드를 좀처럼 받아들일 수 없게 됩니다. '나는 이런 사람이다'라는 고정관념이 자신의 성장을 방해하는 가장 큰 장벽이 되어버리는 겁니다.

그러므로 지금까지의 자신에게 집착하지 말고, 다양한 가치관을 알아가는 중에 자신에게 적용할지 말지를 결정하면 됩니다. 그러려면 일단은 듣는 귀를 가져야겠지요.

이것은 비즈니스에서도 마찬가지입니다. 사람이 성공을 하면 거기에 집착하고 싶어지기 마련입니다. 하지만 성공경험이나 실적, 방법에 집착하게 되면 다음번의 혁명이 점점 어려워집니다.

집착을 내어놓고, 새로운 가치관을 유연하게 받아들이는 마음으로 계속 살아봅시다.

저도 여러분과 함께, 순순히 고집을 없애나가겠습니다. 새하얀 캔버스에는 새롭고 아름다운 그림을 또 그릴 수 있으니까요.

▶집착을 내어놓으면 상상 이상의 내가 될 수 있다.

결점이야말로
예상치 못한 '빛나는 힌트'

'자신의 뛰어난 점에 주목하자.'

많은 자기계발서에는 그렇게 쓰여 있는대요, **뛰어난 부분'뿐만 아니라 실은 '결점'으로 보이는 부분이 나중에 '강점'으로 변환되는 경우도 있습니다.**

20대 초반쯤, 저는 적면증이 있었습니다. 회사에서 제가 발언할 기회가 있으면 고작 몇 명 앞이어도 금방 긴장해서 목이 바싹 마르고 얼굴이 확 빨개져 버리는 겁니다. 스스로 그걸 알기 때문에, '얼굴 빨개진 걸 사람들이 보겠네' '부끄러워'라고 의식하고는 얼굴이 점점 더 빨개져 버렸지요……. 당시에는 그런 게 정말 싫었습니다.

하지만 동시에, '좀 더 이야기를 잘 하고 싶어'라는 저의 희망을 알게 되기도 했습니다. 콤플렉스를 느끼면서도 프레젠테이션을 잘하는 사람, 다른 사람을 끌어당기는 화법을 구사하는 사람을 강렬하게 동경했습니다.

그 다음부터 저는 사내에서 프레젠테이션이나 이야기를 잘하는 사람을 관찰하기도 하고, 화법에 관련된 책을 읽거나 해외 여배우들의 스피치 영상을 보거나 하는 등 리서치를 해서 저에게 조금씩 도입하기 시작했습니다.

그 결과 적면증 때문에 여러 사람 앞에서 얼굴이 새빨개지던 제가 지금은 수백 명 앞에서도 주눅 드는 일 없이 이야기할 수 있게 되었고, '전달 방법이 뛰어나요!'라는 말도 듣게 되었습니다.

정말로 극복하고 싶은 결점은 '좋아지고 싶어!'라는 희망의 뒷면이기도 하므로 먼 훗날 '강점'으로 바꾸는 계기가 될 수도 있습니다.

지금 결점이라고 느끼는 부분일지라도 그것이 '빛나는 힌트'가 되는 경우가 있는 겁니다. 그 점을 기억하고 결점도 소중히 키워주세요.

▶마이너스조차도 역전의 기회로

자기 자신을
최강의 편으로 바꾼다

당신을 제일 응원할 수 있는 건, 다른 누구도 아닌 바로 당신 자신입니다. 당신이 말하는 언어를 가장 가까이에서 계속 듣는 것은 당신이고, 당신의 인생을 선택할 수 있는 것도 당신이지요.

자신의 단점을 지적하거나 비판하거나 업신여기거나 머릿속에서 부정적인 말이 습관처럼 떠오른다면……. 일단은 자신을 괴롭히는 걸 그만두는 것부터 시작해 보세요.

자신과 사이좋게 지내지 않으면 도전과 변화는 두려워서 선택할 수 없을 겁니다.

제일 먼저 바꿔야 할 것은 자신에게 건네는 말입니다. 어떤 언어로 말할지, 마음속으로 무엇을 느낄지는 당신이 자유롭게 선택할 수 있습니다.

'잘 하고 있어.'

'오늘도 행복하네!'

잘 안 풀리는 일이 있어도 '괜찮아. 괜찮아. 결국엔 잘 될 거야.' 언제나 자신에게 최고의 편이 되어주며 응원의 말을 건네는 습관을 들이면 늘 마음 상태가 든든하고 진취적이어서 다음으로 나아갈 수 있는 에너지도 활활 타오를 겁니다.

'오늘의 나는 어제의 나보다 성장했어.'

'다른 사람에게 친절하게 대했어!'

'할 수 없던 일'이나 '부족한 것'이 아니라 '할 수 있던 일'이나 '가진 것'에 항상 의식의 초점을 맞추면 아무것도 아닌 하루라도 행복을 느끼는 시간이 길어집니다.

어느 때라도 행복을 느낄 수 있는 사람은 정말 강합니다.

자신을 믿고 응원할 수 있는 사람은 타인에게도 마찬가지로 그 사람을 믿고 응원할 수 있게 됩니다.

자신의 잘못된 점을 지적하는 걸 그만두고, 누구보다도 자신의 든든한 편이 되어줍시다! 어딜 가든 저 자신은 평생 붙어 다니니까요.

▸자신을 믿을 수 있으면 다른 사람도 믿을 수 있다.

상상 이상의 미래로 바꾸어 가자!

오늘이 당신의
'인생의 전환기'라고 정하자

어질러진 아파트의 방에 혼자 있는 외톨이. 마음도 돈도 언제나 아슬아슬한 생활.

'목표도 없고 열정도 없는 쓸모없는 녀석'
'싫증을 잘 내고, 아무것도 계속하지 않는 사람'

저는 자신을 그렇게 평가했습니다. 일도, 돈도, 인간관계도, 모두 제한되어 있는 것뿐이라고 생각했습니다.

하지만 30세의 생일을 '오늘을 인생의 전환기로 삼자'라고 결정하고 나니, 과거의 연장선상인 미래가 아니라 제가 상상해 본 적도 없는 빛나는 미래로 이어졌습니다!

그 미래는 좋아하는 일에 몰두하고 돈도 크게 순환하고 정말 좋아하는 사람들만 만나는 하루하루입니다.

저는 우리 모두가 '미래를 자유롭게 선택하는 힘'을 가지고 있다는 점을 알리고 싶어요. 그 힘은 이미 당신 안에 있습니다.

인생이 바뀌는 것은 정말 순간의 일이지요. 당신이 새로운 미래를 골라잡으려고 할 때, 수많은 벽에 가로막히거나 당신의 진정성을 시험 당할지도 모릅니다.

괜찮습니다. 당신에게는 분명 그것을 극복할 힘이 있으니까요.

'집착'을 내어놓고 결과에 대한 불안은 버리고 미래로 향하는 '과정' 그 자체를 인생의 즐거움으로 삼으면서 나아갑시다!

'사람은 언제든지 바뀔 수 있다.'
'오늘이 인생의 전환기라고 결정할 수 있다.'
'세상은 당신이 재능에 눈뜨는 것을 기다리고 있다!'

자, 오늘을 인생의 전환기라고 디자인합시다.

함께 새로운 문을 열어봅시다!

▶미래를 자유롭게 선택하는 힘은 이미 당신에게 있다.

당신은 미래를
자유롭게
선택할 수 있다.

당신의 인생을 확 바꿔봅시다

'나름대로 성실하게 열심히 살아왔는데, 왜 내 인생은 이 정도인 걸까.'

바꾸고 싶지만 바꿀 수 없어⋯⋯그런(예전의 저 같은) 여성들에게 응원을 보내며, 구체적인 한 발자국을 내딛기를 바라는 마음을 담아서 이 책을 썼습니다.

당신 인생의 주인공은 당신입니다.

미래를 자유롭게 선택하는 힘은 이미 당신 안에 있습니다!

함께 빛나는 미래를 마음껏 살아갑시다. 항상 응원하겠습니다.

스즈키 미호

미래를 자유롭게 선택하는 힘

돈 없음
꿈 없음
남친 없음

초판 1쇄 인쇄 2021년 03월 30일
초판 6쇄 발행 2021년 05월 17일

지은이 스즈키 미호
옮긴이 강소정
펴낸이 최화숙
편집인 유창언
펴낸곳 이코노믹북스
등록번호 제1994-000059호
출판등록 1994. 06. 09
주소 서울시 마포구 성미산로2길 33(서교동), 202호
전화 02)335-7353~4
팩스 02)325-4305
이메일 pub95@hanmail.net/pub95@naver.com

ⓒ 스즈키 미호 2021

ISBN 978-89-5775-245-6 03320
값 14,000원